RESGATANDO ALMAS

Marcial Jardim

pelo Espírito Álvaro

RESGATANDO ALMAS

Aliança

1ª edição, 2ª reimpressão, novembro/2010, do 10º ao 11º milheiro

---

Título
Resgatando Almas

Autor
Marcial Jardim

Revisão
Arlete Genari

Diagramação
Alline Garcia Bullara

Capa
Antônio Carlos Ventura

Impressão
Assahi Gráfica e Editora Ltda.

Ficha Catalográfica

Álvaro (Espírito).
Resgatando almas / pelo espírito Álvaro;
[psicografado por] Marcial Jardim.
São Paulo : Editora Aliança, 2010.

ISBN: 978-85-88483-56-9 / 288 páginas

1. Espiritismo 2. Psicografia 3. Romance espírita
I. Jardim, Marcial. II. Título.

J763r CDD-133.9

Esta obra também foi editada pela Letras & Textos Editora, 1ª edição, 2006, do 1º ao 2º milheiro

---

Editora Aliança
Rua Major Diogo, 511 - Bela Vista - São Paulo - SP
CEP 01324-001 | Tel.:(11) 2105-2600 | Fax: (11) 2105-2626
www.editoraalianca.org.br | editora@editoraalianca.org.br

SUMÁRIO

FRANÇA - *Século XIII*

Capítulo 1 ______ 9
Capítulo 2 ______ 17
Capítulo 3 ______ 29

FRANÇA - *Século XV*

Capítulo 4 ______ 43
Capítulo 5 ______ 55
Capítulo 6 ______ 65
Capítulo 7 ______ 81
Capítulo 8 ______ 86
Capítulo 9 ______ 93
Capítulo 10 ______ 107

BRASIL - *Século XX*

Capítulo 11 ______ 119
Capítulo 12 ______ 132
Capítulo 13 ______ 138
Capítulo 14 ______ 156
Capítulo 15 ______ 166
Capítulo 16 ______ 181
Capítulo 17 ______ 195
Capítulo 18 ______ 204
Capítulo 19 ______ 214
Capítulo 20 ______ 230
Capítulo 21 ______ 238
Capítulo 22 ______ 251
Capítulo 23 ______ 257
Capítulo 24 ______ 266
Capítulo 25 ______ 274

DERRADEIRAS PALAVRAS ______ 277

NOTAS DO AUTOR ESPIRITUAL ______ 281

FRANÇA

Século XIII

capítulo 1

O sol fazia-se presente. Seus raios luminosos e o calor que dele emanava acariciavam os campos, trazendo alegria, reavivando as cores.

A relva estendia-se por quilômetros, enfeitando o horizonte. Os diversos matizes do verde apaziguante mesclavam-se, quando tocados pela branda aragem, movimentando-se, compondo um bailado de cores e aromas, acompanhado pelos sons suaves do roçar das suas hastes.

Em derredor dos verdes campos, aglomerados de flores coloridas e perfumosas traziam beleza e encantamento àqueles lugares.

Árvores frondosas, açoitadas pela brisa mais forte, tornavam audível o murmúrio das suas folhas ao tocarem-se, como se fosse doce melodia provinda dos céus.

Pássaros multicores, com seus trinados diversos, como a cumprimentar todos que por aquelas plagas transitavam, voejavam vivazes, agindo como guardiões da alegria e da beleza.

Caro leitor:

Valendo-nos da sua generosa imaginação, procuramos dar-lhe uma tênue e, de certa forma, pretensiosa visão da paisagem que adornava, em tempos longínquos, as terras dos Delacroix.

Não muito distante do formoso solar da nobre família, fonte de águas cristalinas, coroada por abundante vegetação, fazia jorrar seu liquor refrescante, cujo mourejar plangente enternecia os corações sensíveis, convidando-os ao descanso e à reflexão.

Era neste aprazível recanto que, nas manhãs ensolaradas, a jovem Anne, delicadamente, assentava-se sobre a relva fresca para espairecer e sonhar, haurindo forças para enfrentar a jornada de intenso labor que se avizinhava.

Seus cabelos loiros e cacheados, seus olhos verdes, cheios de vida, emolduravam o seu rosto formoso e juvenil, irradiando a pureza e a bondade próprias dos corações plenos de doçura e de amor.

Por vezes, dispunha-se a meditar quando, suavemente, fechava os olhos devaneando sobre o passado saudoso, o presente e o porvir pleno de palpitantes expectativas de felicidade.

Numa dessas manhãs, quando, distraída, acarinhava a relva viçosa que a rodeava, Anne não se apercebera que, ocultos entre os arbustos, dois olhos, cheios de ternura, admiravam sua bela silhueta, quase angelical, a transpirar o vigor das suas 18 primaveras.

Era Gérard Delacroix, jovem fidalgo dos seus 25 anos, esguio, olhos azuis, cabelos aloirados e tez clara, presenteado pela beleza física que causava arrepios nas moçoilas daquela época romântica, em terras francesas.

Anne, ao fechar os olhos, como de costume, permitiu que um leve torpor viesse abraçá-la, fazendo-a esquecer-se, momentaneamente, dos minutos que corriam velozes e das obrigações que a aguardavam no solar dos Delacroix.

De repente, os olhos verdes de Anne abriram-se e, ansiosa e preocupada, de súbito, pusera-se de pé.

Gérard, surpreendido, tentou ocultar-se entre a vegetação espessa, mas, o ruído dos seus pés, partindo um galho seco, acabara por delatá-lo.

Anne, assustada, voltou-se repentinamente e, vendo-se diante do jovem fidalgo, suas faces ruborizaram e suas mãos trêmulas, colocadas sobre os próprios lábios, impediram que um grito, mesclado de surpresa e alegria, emergisse das profundezas do seu ser.

Os olhares se cruzaram, um suor frio começou a verter das suas frontes e um silêncio absoluto os envolvera, fazendo com que pudessem sentir o palpitar acelerado dos seus corações, como se estivessem a segredar-lhes que um sonho de amor ali, naquele momento, começasse a se tornar realidade.

Não conseguindo se desvencilhar das fortes emoções, a jovem, visivelmente encabulada, dali se retirou apressada, deixando Gérard hipnotizado, qual estátua de pedra, cujo coração fora arrebatado pelos encantos da doce senhorinha.

Há algum tempo, Gérard, discretamente, vinha observando-a, encaminhando-se todas as manhãs, à Fonte dos Sonhos, como era conhecido aquele aconchegante local, para só depois dirigir-se, a cavalo, rumo a plantação de uvas dos Delacroix.

Sem que percebesse, também era seguido pelo olhar dissimulado e sonhador da jovem Anne. Porém, nunca haviam estado frente a frente, olhos nos olhos, como ocorrera naquela inesquecível manhã.

Inebriado e procurando refazer-se das intensas emoções que experimentara, Gérard sentou-se na relva, acariciando-a, onde instantes atrás, a jovem Anne estivera, como a sentir-lhe ainda a presença e o seu delicado perfume.

Calmamente levantou-se, indo ao encontro da sua montaria que o levaria aos vinhedos da família para iniciar as tarefas do dia.

Ao coordenar os trabalhos do campo, junto aos seus empregados, Gérard, devido à simplicidade de trato que utilizava ao ministrar suas ordens e orientações, era por eles muito estimado, o que os incitava a desempenhar suas tarefas com responsabilidade e prazer, trazendo prosperidade às terras dos Delacroix.

Naquela manhã, incomum, o semblante do jovem irradiava incontida alegria. Dos seus lábios, um sorriso sincero e despretensioso deixava extravasar a felicidade que visitava o seu jovem coração.

No interior da mansão da nobre família, Anne auxiliava Catherine, sua genitora, nos afazeres da cozinha. Há 20 anos que a prestimosa senhora ali trabalhava, preparando as iguarias muito apreciadas pelos seus amos, que evidenciavam ter para com ela sincera estima e consideração, em retribuição à responsabilidade e honradez que sempre demonstrara.

A noite principiava a cobrir, com seu manto estelar, as terras daquela fértil região da França, quando Catherine e Anne chegaram ao término de mais um longo e gratificante lavor.

De braços dados, um tanto afadigadas pela lida do dia, em descontraída e alegre conversação, dirigiram-se para sua modesta e aconchegante moradia, com o propósito de desfrutar momentos de merecidos descanso e refazimento.

Há poucos passos dali, Alain, trabalhador nas vinhas da fidalga família, montado em fogoso corcel, deteve-se, de súbito, diante delas, exibindo seu porte vigoroso, externando sua característica arrogância por meio do cumprimento e do sorriso irônicos e do olhar arguto e cobiçoso, próprios das almas ainda enredadas pelo aroma inebriante da matéria efêmera e enganosa. Após um presunçoso cumprimento, partiu a galope.

Seu olhar, ao recair sobre a jovem Anne, fizera-a com que experimentasse um misto desagradável de indignação, repulsa e medo que invadiu seu ser, fazendo-a, num arroubo repentino e inexplicável, antever dias tormentosos no amanhã da sua vida.

O jovem Alain, no fulgor dos seus 24 anos, cabelos acastanhados e pele amorenada pelo sol, ainda fascinado pelos aprazeres do mundo e ansioso por desfrutá-los, sonhava com uma vida plena de alegrias, farta de moedas, poder e amores. Há tempos, percebia aflorar por Anne um sentimento diferente, misto de ternura e sensualidade, que pouco a pouco roubava-lhe a paz. Em seus devaneios, imaginava-se ao seu lado, desfrutando a meiguice do seu olhar, o mel dos seus lábios, o calor da sua juventude e todo o seu amor.

Após o inesperado e desprazeroso encontro, ambas, um tanto apreensivas, adentraram o lar.

Minutos depois, encontravam-se assentadas ao redor da mesa quando Catherine lembrou-se de Hugo, seu esposo, que, há três lustros, viciado nos alcoólicos, havia, prematuramente, falecido, deixando órfã a delicada e frágil Anne. Após os agradecimentos ao Pai da Vida pelo pão de cada dia, passaram ao desfrute de trivial refeição, durante a qual, descontraída conversação se fizera presente, alegrando os seus humildes corações.

O jantar terminara. Enquanto Catherine se dedicava aos afazeres de rotina, Anne dela aproximou-se e beijando-lhe, carinhosamente, o rosto, que dava mostras de cansaço, desejou-lhe boa noite.

A jovem então dirigiu-se para o seu quarto, decorado com simplicidade e bom gosto, pondo-se a folhear algumas páginas de um livro que lhe fora presenteado. Logo se desinteressou, fechando os olhos, dispondo-se a refletir, meditar...

Imaginava-se enlaçada e protegida pelos braços fortes de Gérard, que lhe jurava eterno amor, prometendo-lhe um mar de felicidades. Porém, a figura impertinente de Alain teimava em invadir o seu doce pensar, causando-lhe apreensão e maus presságios, o que lhe incomodava profundamente, fazendo com que o sono demorasse a visitá-la.

Ao mesmo tempo, no solar da nobre família, iremos encontrar Gérard despedindo-se dos seus pais para dirigir-se, em seguida, aos seus aposentos, a fim de desfrutar de sono reparador.

No interior do seu quarto, o mobiliário finamente entalhado, as grandes janelas adornadas por cortinas aveludadas, de cores quentes, os tapetes exibindo delicadas combinações de tons e desenhos, os quadros com cenas que caracterizavam a época e os tecidos acetinados que recobriam o leito, evidenciavam as posses e o bom gosto dos nobres Delacroix.

Gérard, acomodado ao leito aconchegante, fora acolhido por suave pensar, imaginando-se nos braços da bela donzela que, com ternas palavras, externava o seu amor.

Enfim, afadigado pelo intenso labor do dia, entregou-se, feliz, ao sono profundo.

Liberto do veículo carnal que o mantinha cativo, Gérard, agora em Espírito, voejou ao encontro da sua amada, que também do seu corpo físico havia se desvencilhado e, juntos, passaram a vivenciar momentos de saudável e carinhosa conversação.

Seus olhares, isentos de instinto e sensualidade, delatavam os sentimentos nobres que seus corações amorosos experimentavam. Encontravam-se felizes simplesmente por estarem juntos, usufruindo tão somente as suas mútuas companhias.

Seus Espíritos, enlevados, dialogando, pairavam sobre a relva escurecida pelo negror da noite, desfrutando o perfume noturno das flores orvalhadas que emergia, suavemente, das suas entranhas, extraído das profundezas da terra dadivosa.

Os primeiros clarões do astro rei acariciavam aquela bela região, quando os Espíritos dos jovens apaixonados, carinhosamente, despediram-se, retornando aos seus veículos físicos, dando continuidade às suas romagens terrenas.

Alain, por sua vez, apesar do cansaço que o envolvia, não conseguira conciliar o sono, pois a delicada imagem de Anne, insistentemente, permanecera no seu pensamento, provocando-lhe fortes emoções que lhe furtavam a paz. Incomodado, levemente irritado, pusera-se de pé, vestindo-se apressado. Minutos depois, montado em seu cavalo, partiu a frenético galope, rumo ao povoado mais próximo a fim de espairecer.

Chegando ao destino, dirigiu-se, ansioso, a sórdido albergue onde homens e mulheres, em conluio degradante, desfrutando os vapores do álcool, embriagavam-se, procurando saciar seus torpes apetites, conduzidos, unicamente, pelo instinto primitivo e inconsequente.

Naquele antro, jovens comercializando os seus corpos enveredavam por caminhos obscuros que fatalmente as conduziriam às águas lamacentas da degradação, semeando falsos e efêmeros delírios para, no amanhã, colherem, obrigatoriamente, a desdita por elas mesmas provocada.

Alain, sentindo saciado os seus desejos condenáveis, olhos intumescidos, faces afogueadas, vestes em desalinho, ébrio, com dificuldades, subiu em sua montaria e demandou para a sua habitação.

Decorrido cerca de um quarto de hora, ao passar diante da modesta casa de Anne, deteve seu animal e ainda exalando os vapores do vinho dissera, entredentes, pressagiando:

— Ainda serás minha!

Em seguida, adentrando sua rústica moradia, sem retirar as vestes e as pesadas botinas, atirou-se ao leito e sono pesado o amplexou, exausto que estava pelas intensas emoções que, há pouco, vivenciara naquele ambiente de luxúria e desonra.

capítulo 2

O sol fez-se presente anunciando um novo dia e, por entre brancas nuvens, timidamente, enviou os seus primeiros raios, aquecendo e dando vida àquelas plagas.

Anne, após o costumeiro desjejum, apressada, diante do espelho, procurava dar os últimos retoques nos cabelos e nas vestes discretas para, em seguida, dirigir-se, como de costume, à Fonte dos Sonhos a fim de ali desfrutar da paz de que estava repleno aquele doce recanto.

Seu coração estava ansioso, pressentindo que iria reencontrar-se com o jovem fidalgo e, nem que fosse por breves momentos, desfrutaria a sua companhia, presente apenas em seus devaneios.

No rico solar da nobre família, na esperança de novamente encontrar-se com a doce senhorinha e poder deleitar-se com outros momentos de ventura e encantamento, Gérard apressava-se para dirigir-se àquele mesmo recanto que, no dia anterior, fora palco de tão intensas comoções. Assim o fez.

Anne, sentada sobre a grama, sentia as batidas aceleradas do seu coração, quando ruído de passos, atrás de si, fizera com que rapidamente se voltasse, ansiosa por constatar, como previra, a presença do jovem, o que de fato, naquele instante, ocorreu.

Os olhares se cruzaram, rápidas e gentis palavras se fizeram ouvir e, naquele exato momento, uniram-se na Terra corações que já estavam entrelaçados no céu.

Acomodados sobre a grama macia, serva e amo dialogaram com naturalidade, sensibilizados pela empatia que os enredava, parecendo já se conhecerem na fieira dos tempos perdidos.

Os minutos pareciam escoar com incrível rapidez e, do cerne daqueles jovens corações, emergia sincero sentimento de amor que enlaçava as suas almas extasiadas, envolvidas pelo cantar plangente das águas que deslizavam sobre as pedras, como que acariciando aqueles momentos de indescritível felicidade.

Apreensiva pelo adiantado da hora, Anne, graciosamente, levantou-se, pondo-se a caminhar, sendo imediatamente acompanhada por Gérard.

Ao despedirem-se, olhos nos olhos, o jovem fidalgo impelido por desejo incontrolável, respeitosa e carinhosamente, beijou-lhe a mão delicada, fazendo corar as faces viçosas da amável senhorinha. A seguir, ambos partiram para o cumprimento das suas obrigações, já saudosos daquele inesquecível encontro.

Bem próximo do local onde a cena de despedida se desenrolara, Alain, dissimulado, a tudo observara.

Pelos olhares, gestos e atitudes dos jovens, ficara-lhe a certeza de que um sentimento que desconhecia, tomado de indisfarçável ternura, os envolvia, diverso daquele que, intimamente, sentia, cobiçoso, sensual, possessivo.

Acometido por forte impacto, não se apercebeu que o ciúme, qual lâmina afiada a rasgar-lhe as entranhas, ferindo a sua alma, fez-se presente, obrigando-o a experimentar o gosto amargoso de iminente derrota.

Naqueles instantes, seus olhos negros, profundamente decepcionados, delatavam a desesperança que o visitara.

Desiludido, sorvia, sem se aperceber, o veneno da desforra que começava a corroer-lhe a alma combalida.

Em visível descontrole, fora em busca da sua montaria que, em seguida, partiu a galope levando em seu dorso Alain, exasperado pelo que acabara de presenciar.

Jovem robusto, no esplendor da mocidade e afeito ao trabalho rústico, Alain cuidava dos animais que transportavam as uvas colhidas para, a seguir, serem transformadas no vinho "Delacroix", muito apreciado pelo delicado e inconfundível sabor e respeitável qualidade.

A caminho das vinhas, repletas de frutos, Gérard e Alain encontraram-se e, como de hábito, o jovem Delacroix cumprimentou, educadamente, o servo que, absorto em seus inamistosos pensamentos, retribuira-lhe o cumprimento, deixando escapar, por meio do olhar flamejante e do timbre metálico da sua voz, o mal-estar que dele se apossara.

Tentando disfarçar o constrangimento que o visitara, o jovem fidalgo apressou-se em iniciar um amistoso diálogo, enveredando para o trabalho da colheita que se previa intenso devido à safra, visualmente, abundante.

Alain, demonstrando um certo enfado, concordou, meneando a cabeça e, em seguida, alegando a urgência da sua presença junto às vinhas, despediu-se, com inabitual frieza, deixando Gérard ensimesmado. As horas se passaram e com elas, sem maiores novidades, mais um dia transcorreu. À noite, enfim, viera, encobrindo com seu véu de estrelas as terras da nobre família.

Os trabalhadores das vinhas, exaustos pela faina intensa, retornaram aos seus lares a fim de desfrutar de salutar repasto para, em seguida, recolherem-se ao leito e usufruirem o merecido refazimento, preparando-se para, reenergizados, enfrentarem a longa jornada do próximo amanhã.

Anne e Gérard, enquanto os seus corpos carnais encontravam-se acomodados no leito, refazendo-se, seus Espíritos reencontraram-se, na expectativa de poderem fruir, novamente, momentos de harmonia e paz, planejando o amanhã das suas vidas, em mais uma bendita jornada reencarnatória.

Porém, ambos demonstravam uma incômoda apreensão, como se nuvens escurecidas os viessem envolver, fazendo-se acompanhadas de inexplicáveis maus presságios que, momentaneamente, conseguiram afligir os Espíritos dos jovens enamorados. Em seguida, doces pensamentos aninharam-se em suas mentes, afastando o pessimismo que teimava em fazer-lhes companhia.

Alain, por sua vez, visivelmente alcoolizado, voltava de mais uma noitada de luxúria e insensatez, mantendo cativo, no íntimo da sua alma possessiva, o veneno do despeito e da revolta a gotejar em sua mente desequilibrada, incitando-o a desarrazoada vingança.

Ao passar diante do solar dos Delacroix, deixara, instintivamente, extravasar todo o ódio de que estava repleno o seu coração, dizendo para si mesmo:

— Não irás conseguir!

Instantes após, em frente da residência de Anne, presunçoso, pensava:

— Serás minha, somente minha!

Em seguida, visivelmente encolerizado, partira para a sua rústica moradia em busca de alguns poucos momentos de descanso, pois o dia estava prestes a surgir demandando responsabilidade e trabalho.

Três meses transcorreram no calendário do tempo, envolvendo estas três almas em sentimentos mesclados de ternura, amor, ódio e vingança.

Sentindo-se perdedor, ferido nos seus brios, Alain percebia, a cada momento, recrudescer o seu amor possessivo pela jovem Anne. As noitadas, pródigas em bebidas e mulheres, já não lhe proporcionavam os prazeres de outrora e seu coração, amargurado, parecia imantar-se ao da moçoila, suplicando-lhe uma migalha de atenção e de amor.

Suas noites, mal dormidas, faziam-se notar pela lividez do seu rosto e pelo cansaço que dele não se apartava.

Raramente conseguia usufruir sono profundo e, quando tal ocorria, por vezes, sonhava vislumbrar a imagem distante da sua amada e, ansioso, procurava dela se aproximar para o desfrute do calor da sua presença. Entretanto, há poucos passos da sua encantadora figura, detinha-se, subitamente, acossado por um sentimento de repúdio que dela partia, a censurar-lhe as intenções, não deixando dúvidas de que o seu coração a outro pertencia, o que o constrangia profundamente.

Despertava coberto de suor, recordando-se daquelas cenas a deslizarem pela sua mente, como ácido destruidor, corroendo-lhe as entranhas.

Aturdido, não conseguia mais conciliar o sono permanecendo acordado pelo resto da noite.

Como sempre, externando dissabor, mal-humorado, dirigira-se para mais uma estafante jornada de trabalho, porém, por mais que tentasse, os devaneios não lhe davam tréguas.

Os olhos verdes da moçoila, suas faces rosadas, seus lábios vermelhos, sua voz adocicada, suas mãos delicadas, seu corpo viçoso, despertavam-lhe a lascívia, própria das almas embrutecidas à procura dos efêmeros prazeres da carne, incitando-as a enveredar, inconsequentes, pelos atalhos do mundo que, fatalmente, as conduzirão às águas pantanosas, contaminadas pelo desencanto e amargor.

Tão logo os sonhos se desvaneciam, a dolorosa realidade vinha ao encontro do jovem Alain, impelindo-o a conscientizar-se de que Gérard havia, definitivamente, conquistado o coração de Anne, usurpando-lhe o direito de ser feliz. Desesperançado, pouco a pouco, ia concebendo a ideia, nefasta e enganosa de que não conseguiria mais viver sem a companhia da meiga senhorinha.

Anne e Gérard, há algum tempo, encontravam-se às ocultas no mesmo recanto e já vinham alimentando o desejo de colocar os seus respectivos pais a par do fato de estarem sinceramente enamorados, ilustrando suas intenções de no futuro casarem-se, unindo suas vidas, transformando em realidade os sonhos que até então acalentavam.

Catherine, há dias vinha pressentindo que o aroma perfumoso do amor envolvera a sua querida Anne, pois esta, absorta em seus pensamentos, acompanhados pela languidez do seu olhar e do desejo constante de ficar a sós, deixava claros indícios que delatavam os sentimentos que lhe faziam doce companhia.

Curiosa, passara a observar, mais atentamente, o comportamento da filha, com o nítido propósito de desvendar qual seria o varão que fazia bater mais acelerado o coração da sua querida.

No final de uma das tardes, quando, acompanhada por Anne, retornava para sua modesta casa, Catherine avistou, não muito distante, a figura do jovem Gérard montado em seu cavalo, dirigindo-se para o elegante solar dos Delacroix.

Naquele exato momento suas suspeitas dissiparam-se, pois percebera, com surpresa e sutil apreensão, que os olhares dos jovens se cruzaram, denunciando os sentimentos que enlaçavam as suas almas.

Logo após o jantar, Catherine, tentando ocultar sua natural ansiedade, procurou iniciar despretensiosa conversação com a jovem e, entre uma e outra palavra, delicadamente, a colocou a par da suspeita que lhe causava certa preocupação.

A senhorinha, surpreendida pelo inesperado questionamento, percebera suave rubor tingir suas faces, delatando, claramente, os sentimentos que nutria pelo jovem fidalgo.

Vendo confirmadas suas suposições, Catherine dera continuidade ao diálogo.

Procurando escolher as palavras para não ferir nem magoar a jovem donzela, Catherine esforçava-se por fazê-la enxergar e compreender as diferenças de cultura e de valores materiais que se faziam evidentes entre os Delacroix e elas próprias. Deixara bem claro as dificuldades que, no futuro, ambos haveriam de encontrar e que, para enfrentá-las, somente as almas dotadas de inquestionável sentimento de renúncia, característico daquelas que amam, seriam capazes.

Apesar da delicadeza e do amor presentes em suas palavras, Catherine não conseguira evitar que suave palidez se fizesse presente no rosto da inocente senhorinha.

Seus olhos verdes, belíssimos, marejaram, externando o forte impacto emocional que a acometera ao certificar-se da dura realidade que, naqueles instantes, desnudara-se diante da sua razão, até então entorpecida pelas emoções e sonhos da juventude.

Anne, com a voz entrecortada por forte comoção e olhar súplice, procurara conscientizar sua mãe do intenso amor que, há já algum tempo, alimentava pelo jovem Gérard, esperançosa de que pudesse convencê-la a ser sua aliada, auxiliando-a na difícil empreitada a que se propusera e que apenas começava.

Um silêncio apaziguante as envolveu, estimulando-as a abraçarem-se, entrelaçando suas almas que, a partir daquele momento, tornaram-se cúmplices das mesmas aspirações.

Na manhã do dia seguinte, na luxuosa residência dos senhores das vinhas, Geraldine, a bondosa matriarca, encontrava-se na pérgula que graciosamente abraçava fonte de águas límpidas, entretida com o trato das trepadeiras floridas que adornavam aquele recanto, perfumando-o com suas delicadas essências, quando suave melancolia veio visitar-lhe.

Seu pensamento deslizou pelo tempo, recordando-se, saudosa, da doce infância de Gérard que lhe houvera proporcionado momentos de inesquecível felicidade, preenchendo os espaços da nobre morada com seus folguedos, acompanhados pelos sons repletos da alegria ingênua e despretensiosa que enternecera os corações de tantos quantos haviam desfrutado da sua companhia.

Sua adolescência, quando pudera exteriorizar o seu caráter íntegro, pautado pelo respeito e por incomum senso de responsabilidade, transcorrera com incrível rapidez, deixando rastros de inenarrável saudade no seu coração de mãe e no de Felipe, seu esposo amoroso.

Agora jovem, culto, amadurecido, transpirando vigor, enfeitava os seus dias com o carinho da sua presença e a sinceridade do seu afeto.

Dando continuidade aos seus pensamentos, há já alguns dias, vinha percebendo que Gérard, costumeiramente alegre e falante, mantinha-se mais calado, olhar distraído e, dizendo-se fatigado, recolhia-se mais cedo para os seus aposentos.

No âmago do seu ser, Geraldine pressentia que o coração do seu querido filho havia sido alvejado pela flecha do amor.

— Quem seria? - perguntava curiosa quando, sem resposta, fora despertada dos seus devaneios pela voz de Felipe que, abraçando-a, beijou-lhe carinhosamente a face, desejando-lhe bom dia.

No final da tarde, Geraldine relatara a Felipe suas suspeitas quanto ao possível e esperado envolvimento amoroso de Gérard com o coração de alguma jovem da região. Na ocasião, Felipe, com olhar matreiro, cheio de curiosidade, acumpliciado por um sorriso pleno de bom humor, lhe perguntou:

– Quem será a felizarda?

Risos francos e discretos colocaram um ponto final no breve diálogo que deixou fragmentos de felizes esperanças nos corações do casal Delacroix.

À noite, logo após o jantar, Gérard, ansioso, convidou seus pais a acompanhá-lo ao escritório, alegando assunto muito importante para lhes comunicar.

Emocionado, sem rodeios, passou a narrar aos seus queridos os sentimentos que, há tempos, vinha nutrindo pela encantadora senhorinha.

Impactados pela surpreendente revelação, Geraldine e Felipe, por alguns segundos, mantiveramse em silêncio, entreolhando-se a pedirem mútua ajuda na apreciação e nos comentários daquele episódio.

Felipe, delicadamente, colocou sua mão sobre a da esposa, como a pedir-lhe aval para o que haveria de expor e, com a voz embargada pela emoção, ponderou com amabilidade sobre o que acabara de ouvir, exatamente como Catherine, na noite anterior, com palavras mais simples, o fizera, no diálogo que manteve com a jovem donzela.

Gérard, silenciosa e educadamente, tudo escutara.

A seguir, resoluto e consciente das responsabilidades que se propunha assumir, pediu aos pais o devido consentimento para com esta sua madura aspiração.

Visivelmente comovidos, com os corações repletos de amor, abraçaram-se com efusão, unindo suas almas que, acumpliciadas, haveriam de buscar, juntas, a felicidade.

Os jovens apaixonados, felizes pela boa acolhida que tiveram seus propósitos junto aos seus respectivos genitores, apressaram-se em voltar as suas presenças para, definitivamente, formalizarem as suas sinceras intenções.

Assim, numa ensolarada tarde de domingo, vamos encontrar Anne e Gérard, de braços dados, subindo as escadarias que os conduziriam ao imponente portal de entrada do encantador solar dos Delacroix.

Ali, parados, os jovens cruzaram seus olhares e Gérard, tomando em suas mãos a de Anne, beijou-a ternamente, enquanto seus corações em uníssono, inebriados de felicidade, pareciam íntima e mutuamente dizer:

– Eu te amo!

Em seguida, adentraram a mansão, dirigindo-se de imediato a elegante sala de estar, onde Geraldine e Felipe, visivelmente ansiosos, já os aguardavam.

Após os cumprimentos formais, a conversação iniciou-se, descontraída, prazerosa, eivada pela harmonia e pela paz.

Enquanto Gérard discorria sobre amenidades, procurando deixar Anne à vontade diante dos seus pais, Geraldine e Felipe furtivamente observavam-na e, apesar de já a conhecerem desde menina, somente agora detiveram-se em analisá-la com maior acuidade.

Seus olhos verdes, fartos de ternura, sua voz adocicada, seu vestir discreto, porém de bom gosto, seus gestos delicados cativaram o casal Delacroix que, ao final do encontro, estava, sinceramente, a ela afeiçoado.

Envolvida por um sentimento de fraternidade e gratidão, Anne, despretensiosa e feliz, passou a considerar-se futura integrante da nobre família Delacroix.

Assim, naqueles momentos, como se formassem harmonioso quarteto, suas almas faziam ecoar, por todo o solar, o canto de felicidade que somente os corações replenos de bondade e de amor poderiam escutar.

Ditosos, os jovens despediram-se, pondo-se a caminho da modesta habitação de Anne para, da mesma maneira, formalizarem seus nobres propósitos.

Gérard fora acolhido com toda a atenção e simplicidade por Catherine, que, com o seu falar calmo e suas maneiras delicadas, colocou-o à vontade.

O diálogo estendeu-se num clima de descontração e entendimento e, ao seu final, palavras de otimismo ressoaram pela vivenda, selando ali, naquele momento, um verdadeiro compromisso de amizade e de amor.

Para Alain, que as ocultas tudo observava, ficara evidente a dura realidade: Anne e Gérard haviam, definitivamente, comunicado aos pais suas pretensões.

Derrocado, estiletado por indescritível sofrimento, buscou sua montaria, partindo célere rumo ao albergue para embriagar-se, na vã tentativa de esquecer a verdade cruel que, diante dos seus olhos, se descortinara.

No dia seguinte, para o jovem par de enamorados, o sol parecia ter mais fulgor; os campos, mais cores; as flores, mais perfume; os trinados dos pássaros, mais alegria; era o amor que deslizava em suas almas, fazendo-as enxergar os horizontes do amanhã com as tintas multicolores dos seus sonhos de juventude.

capítulo 3

A rotina diária, nas terras dos Delacroix, seguia sua marcha, enquanto os meses deslizavam na ampulheta do tempo.

Anne e Gérard, a cada dia mais apaixonados, procuravam delinear, juntamente com seus pais, as providências quanto aos laços matrimoniais que se avizinhavam e que dariam vida aos seus devaneios, sem, sequer, imaginarem que Alain consumia-se, física e espiritualmente, absorto em nefandas reflexões.

Mal alimentando-se, visível palidez e profundas olheiras vieram tisnar-lhe o semblante ao mesmo tempo que, explícito amargor, no olhar e na voz, denunciava sua alma consternada e enfermiça.

Atroz solidão, teimosamente, o enlaçara. A jovem Anne não se apartava da sua mente. Queria tocá-la, acariciá-la, senti-la junto ao seu corpo e, assim, não se apercebia banhado pelo veneno da cobiça a infiltrar-se, sutilmente, corroendo-lhe a intimidade.

Incontrolável e persistente desejo de vingança o envolvera, incitando-o a covarde desforra junto a Gérard, imaginando, equivocadamente, que só assim haveria de conseguir uma chance de poder desfrutar a presença da jovem donzela em seus cobiçosos braços.

Atormentado por estas ideias malsãs, decidira-se por desvencilhar-se do jovem Delacroix e, dando livre curso aos seus insanos devaneios, começou a conjeturar planos para o seu infeliz intento.

Gérard, no trato quase diário que mantinha com Alain, percebera a transformação que com ele ocorrera, atribuindo tal mudança de humor a naturais problemas particulares que todos enfrentam no dia a dia das suas vidas.

Assim sendo, com o propósito de resgatar o clima de simpatia que sempre os envolvera, convidou-o para, no dia seguinte, acompanhá-lo à cidade próxima para, junto aos negociantes de lá, comercializarem as safras dos vinhos Delacroix.

Pensava que permanecendo mais tempo junto a Alain pudesse, de alguma forma, ajudá-lo a dissipar o mau humor que estava chegando às raias da impertinência.

A noite se aproximava, quando os jovens partiram, a cavalo, rumo à cidade pretendida. Três quartos de hora se passaram.

Ao se aproximarem de aprazível sítio, rodeado por abundante vegetação que ocultava fonte de águas puras e cristalinas a escorrerem, suavemente, por sobre as pedras que adornavam aquele pequeno paraíso, Gérard sugeriu pararem por alguns minutos para que pudessem refazer-se e, ao mesmo tempo, todos saciarem a sede e refrescarem-se. Assim fizeram.

Momentos depois, puseram-se novamente a caminho, chegando ao objetivo após duas horas de regular cavalgada, incluso outros poucos minutos gastos para breve descanso.

Sem perda de tempo, dirigiram-se para a estalagem onde Gérard costumeiramente hospedava-se, para refazerem-se da viagem. Ali chegando, o estalajadeiro percebera, de imediato, que se tratava de amo e servo e, pressuroso, ofereceu a Gérard a melhor acomodação.

O jovem fidalgo, educadamente, declinou da proposta, optando por ocupar quarto semelhante ao que fora oferecido para Alain. Assim foi feito.

Após o almoço, dirigiram-se à procura dos comerciantes com os quais o jovem Delacroix, habitualmente, negociava. As tratativas transcorreram naturalmente, restando, apenas, algumas poucas pendências que Gérard se comprometera a resolver em sua próxima visita, na semana seguinte, em dia determinado.

Feliz pelo sucesso alcançado nas transações, demandara à hospedaria acompanhado por Alain que, por todo o tempo, mantivera-se calado, visivelmente contrariado.

Durante o jantar, Alain sorveu, com instintiva avidez, algumas canecas de vinho enquanto Gérard, comedido, tomou apenas uma, acompanhando o rústico repasto.

Previsível embriaguez foi-se apoderando do jovem Alain que se pôs a dialogar, de maneira inconveniente, com Gérard, tornando-se, por vezes, desrespeitoso, utilizando-se de palavras chulas, que o jovem fidalgo não estava habituado a ouvir.

Envolvido pelos vapores nauseantes do vinho barato, o jovem empregado dos Delacroix deixava transparecer o rancor que albergava sua alma enquanto Gérard, surpreso, perguntava-se: o que teria ocorrido para que o jovem servo se comportasse de forma tão estranha e censurável?

Com esta indagação e sem encontrar respostas, acertara com Alain o horário que deveriam partir rumo ao solar da família, o que ocorreria logo à primeira hora da manhã. Em seguida, educadamente, despediu-se demandando para o seu quarto. Minutos após, Alain fizera o mesmo.

Em seu leito, Gérard, tolerante e compreensivo, já havia desculpado Alain pelas atitudes incomuns há pouco tomadas, atribuindo-as, tão somente, aos efeitos do álcool traiçoeiro, quando se pôs a lembrar da jovem Anne, saudoso de sua companhia e, assim pensando, adormeceu.

Alain intentava dormir, todavia, tomado por sinistros desejos, criava sem o saber, formas-pensamento plenas de vingança que agravavam o ódio que passara a alimentar pelo jovem fidalgo, fazendo-o emergir, incontrolável, do seu coração ferido.

Na manhã seguinte, com os olhos intumescidos e as faces macilentas que os excessos do vinho provocara, assim como a noite de insônia que passara, Alain, a convite de Gérard, que já o aguardava à mesa, assentou-se para, juntos, desfrutarem o desjejum.

Tentando disfarçar a vergonha que sentia devido ao comportamento indelicado que tivera para com o jovem amo, após os cumprimentos de praxe e um sorriso constrangido, iniciou amena conversação, na tentativa de apagar a triste imagem que havia deixado na noite passada.

Gérard, como se nada tivesse ocorrido, participou descontraído do despretensioso diálogo.

Terminada a conversa, apressaram-se em partir com destino ao solar da família.

Um pouco antes do tradicional horário do almoço, os jovens viajantes adentraram as terras dos Delacroix e, despedindo-se, cada qual se dirigiu aos seus afazeres.

Gérard apressou-se a ir ter com a jovem Anne a fim de saciar a saudade que, há dias, vinha fazendo-lhe companhia. Assim o fez.

Ao vê-la, fora ao seu encontro e, ambos, abraçando-se, com indescritível ternura, selaram com um ternuroso beijo aquele doce reencontro, deixando extravasar o amor que, reciprocamente, guardavam em seus corações.

Logo após, o jovem Delacroix adentrara a sala de estar do elegante solar, distribuindo abraços, cheios de carinho, aos seus pais que aguardavam, ansiosos, o seu retorno.

A seguir, dirigiram-se para a elegante sala de refeições a fim de desfrutarem saboroso repasto que Catherine preparara, durante o qual, Gérard, descontraído, narrou o êxito das suas negociações. E, assim, envolvidos por amena conversação, transcorrera a refeição, depois da qual, destinaram-se às respectivas atribuições.

Apesar de os seus patrões terem externado, em várias ocasiões, o desejo de poupá-la dos afazeres na cozinha do solar, convidando-a a tornar-se ama de companhia da gentil matriarca, Catherine, educadamente, sempre declinara da bondosa proposição, manifestando sincera vontade de continuar exercendo suas funções que lhe proporcionavam alegria e realização. Desta forma, só restara ao casal Delacroix consentir com seu nobre propósito.

Assim, os dias foram transcorrendo na produtiva e encantadora propriedade da generosa família.

Na noite que antecedera a sua partida para a cidade, a fim de resolver as pendências que ali permaneceram, Gérard não conseguira dormir. Fora, inexplicavelmente, assaltado por incômodo pressentimento de que algo desagradável poderia ocorrer-lhe durante a viagem, sentindo-se impulsionado a adiá-la para outra ocasião.

Entretanto, cônscio das suas responsabilidades, afastara aqueles maus presságios, pondo-se a devanear, sempre acompanhado pela doce imagem da amorosa senhorinha.

Durante toda a noite, fora acometido por indizível saudade de Anne, como se não fosse mais vê-la, tocá-la, senti-la, usufruir a sua terna companhia. Afadigado, dormira por pouco tempo.

A madrugada começava a despedir-se, cumprimentando o dia que surgia, quando o jovem fidalgo, ainda abalado pelos insólitos pensamentos, rapidamente fez o desjejum, partindo só, em sua montaria, rumo ao cumprimento das obrigações a que se propusera.

Desta feita, não convidara Alain para acompanhá-lo, pois a safra abundante exigia o concurso abnegado de todos os trabalhadores nas vinhas.

Alain, entorpecido por ódio mortal que não lhe dava tréguas, também passara a noite em claro, engendrando o sórdido delito que estava prestes a consumar.

Antes que os primeiros raios do sol beijassem as férteis terras dos Delacroix, dirigiu-se, sôfrego, para aquele mesmo aprazível local, onde Gérard costumava parar a fim de refazer-se, aguardando, ansioso, o momento tão esperado, antegozando, desvairado, o instante da cruel e descabida vingança.

Desconhecendo as incontáveis nuanças da vida, em nenhum momento pensara que tudo haveria de passar e que os áureos tempos da juventude, um dia, haveriam de deixá-lo, cedendo lugar à velhice implacável a lhe fazer companhia. Haveria de sentir, então, pungentes saudades dos corações que enfeitaram a sua existência e, por haver semeado o desamor e o ódio, o remorso, contundente, viria em seu encalço, fazendo-o colher desventuras e dores, exigindo-lhe a coragem da reparação.

Alheio ao que estava por ocorrer, Gérard chegara ao fatídico local.

Enquanto, distraído, assistia o animal saciar a sede, Alain, silencioso e traiçoeiro, escondido pela abundante vegetação, certificando-se de que estavam a sós, colocara-se, de inopino, covardemente, às costas de Gérard, golpeando-lhe, súbita e vigorosamente, a cabeça, atirando-o ao chão e, com agilidade felina, saltara por sobre o corpo indefeso, cravando-lhe, impiedosamente, no peito, um punhal que lhe rasgou as carnes, ferindo-o mortalmente.

Agonizante, enquanto o sangue jorrava abundante, através do profundo ferimento, Gérard dirigiu seu derradeiro olhar para Alain como a dizer-lhe, perplexo:

– Por quê? Por quê?

Uma forte golfada de sangue emergiu, incontida, através dos seus lábios lívidos, colocando um ponto final naquele triste episódio.

Sonhos de felicidades ali foram desfeitos e, naquele funesto momento, Alain acabava de semear a dor nos corações daqueles que sempre o distinguiram com atenção e respeito, desconhecendo que, no amanhã, no inexorável carreiro das reencarnações, haveria de colher o fruto amargoso do seu ato insano, fazendo-o sofrer, exigindo-lhe a devida reparação.

Alain, insensível, com presteza, limpara o sangue que banhou a arma do crime prendendo-a, em seguida, à cintura, ao mesmo tempo em que montava o seu corcel que partiu, fogoso, levando-o em direção às vinhas dos Delacroix, a fim de principiar a sua rotineira labuta, como se nada houvesse acontecido.

No final do mesmo dia, viajantes, que por aquelas paragens costumavam transitar, constataram o infausto acometimento, fazendo com que a notícia, como um rastilho de pólvora, se espalhasse por toda a região, chegando, célere, à propriedade dos Delacroix.

Fortemente impactados pelo funéreo comunicado, Geraldine e Felipe sentiram seus corações sendo dilacerados por sofrimento inimaginável, que teriam de, heroicamente, suportar. Perplexos, não conseguiram emitir uma só palavra, enquanto os seus semblantes, cheios de angústia, externavam sofrimento avassalador, como se mãos, invisíveis e cruéis, violentamente, estivessem roubando-lhes a vida.

Anne, visitada por extrema palidez, olhar perdido, como se não acreditasse no que ouvira, não derramara uma só lágrima, permanecendo paralisada, qual autêntica estátua da dor.

Catherine, a custo, conseguira manter-se de pé, sustentando a jovem filha, tentando, de todas as maneiras, amenizar o padecimento que viera fazer-lhe cruel companhia.

Os dias passavam lentamente, entoando doridas cantigas, replenas de saudade e de doces lembranças do jovem Gérard.

Anne entrara em profundo estado de prostração, requerendo maiores desvelos por parte de Catherine, que, a cada momento, sentia-se mais impotente para reanimá-la, na tentativa de fazê-la retornar à lida diária, dando seguimento à vida.

Possuindo saúde delicada, Catherine passara a ser acometida por agudas e frequentes crises anginosas que externavam a fragilidade do seu coração.

Anne, apiedando-se da mãe, acabara por desvencilhar-se do seu entorpecimento e pusera-se a dela cuidar, com carinhosa dedicação.

A pedido de Felipe, o Dr. Henri, médico de confiança da família Delacroix, viera prestar seu experiente concurso junto à enferma, porém, apesar do seu devotado empenho, Catherine acabara por falecer, seis meses depois da infausta ocorrência com o jovem Gérard.

Após as habituais cerimônias fúnebres, abatida, Anne retornara à modesta habitação, acompanhada por profundo desconsolo que passara, impiedosamente, a açoitar a sua alma ferida.

Durante toda a noite, não conseguira conciliar o sono e, inapelavelmente só, decidira-se por entrar num convento.

Na manhã do dia seguinte, dirigira-se ao solar para comunicar aos Delacroix a sua decisão, ao mesmo tempo que lhes pedira o concurso no sentido de auxiliá-la a conseguir o seu intento.

Felipe e Geraldine intentaram demovê-la da ideia, sugerindo-lhe que passasse a habitar o solar fazendo-lhes companhia, amenizando a saudade do filho e a solidão impiedosa que deles não se afastava. Todavia, não obtiveram sucesso.

Algumas semanas após, Anne, decepcionada com a vida, adentrava o portal do convento Sacre Coeur de Marie.

Alain, por sua vez, fragilizado, vendo frustrados os seus anseios, já sentindo a presença do remorso a enredar-lhe a alma, refugiara-se nos prostíbulos repletos de luxúrias e dos vapores entorpecedores do álcool, depauperando-se física e espiritualmente, traçando as linhas do seu sombrio futuro.

Quinze anos transcorreram, durante os quais Anne e os Delacroix trocaram afetivas correspondências, entrelaçando, cada vez mais, os seus corações, acalentando o porvir.

Anne, no último ano, nenhuma carta havia recebido do nobre casal e, com intuito de saber notícias, escrevera-lhe.

Numa fria manhã, sóror Anne recebeu missiva com o brasão da família Delacroix.

Ao abri-la, na intimidade dos seus aposentos, cientificou-se, por meio do relato pesaroso do administrador da família, que Felipe, acometido por incontroláveis distúrbios pulmonares, viera a falecer e que Geraldine, não suportando a dor da solidão, o seguira, poucos meses depois.

Lágrimas embaçaram os seus lindos olhos verdes e, a seguir, rolaram suavemente pelas suas faces, externando a tristeza que viera visitar a sua alma.

Naquele instante, sentira súbita e incontrolável saudade de Gérard, lembrando-se agradecida dos momentos de intensa ventura que com ele desfrutara, nos idos tempos, nas terras dos Delacroix.

Sóror Anne, emocionada, como se Gérard ali estivesse presente, passara mentalmente a confessar-lhe o imbatível amor que por ele sentia e que nem os anos de dorida separação conseguiram apagá-lo do seu coração, tal a intensidade de seu nobre sentimento.

Ainda enlevada, pedira-lhe para que perdoasse a infeliz criatura que lhe havia tirado a vida, lembrando-o das palavras de Jesus que, quando preso à cruz, infamante, clamara:

– Pai, perdoai-os, porque não sabem o que fazem!

Gérard, que em Espírito ali se encontrava, acompanhado por amigos espirituais, abraçou-a com imensurável ternura, comprometendo-se a intentar colocar no seu sofrido coração, o liquor perfumoso do perdão!

Sóror Anne, por sua vez, permanecera na Terra, ainda, por longos anos, prisioneira da solidão e da cruciante saudade.

FRANÇA

Século XV

capítulo 4

Em sítio distante da deslumbrante Paris, seres envoltos pelos halos da pobreza, cativos da cruel desesperança, ali viviam, empenhados tão somente em sobreviver, esquecidos que foram pela almejada felicidade.

Suas fisionomias cheias de desencanto e seus corpos desvitalizados pelo alimento escasso retratavam a dura realidade que a vida lhes impusera, exaltando a tristeza obstinada que, impiedosamente, os acompanhava, como se fora a única e intransferível propriedade que o mundo lhes houvera legado.

Impossibilitados de se aculturarem, uns se dirigiam para os campos, onde árduo trabalho os aguardava, enquanto outros se encaminhavam para os grandes centros, onde o luxo insensível agredia suas vistas habituadas à miséria, oferecendo seus parcos recursos por quaisquer bagatelas que lhes permitissem a humílima sobrevivência.

A precariedade das construções daquele lugarejo denunciava o desconforto dos seus interiores, deixando patente a pungente penúria que, com insólita impiedade, amplexava seus moradores.

Era assim que, em uma dessas moradas, o casal Clarice e Antoine fazia transcorrer seus dias, repletos de obstáculos que a carência da moeda os obrigava a vivenciar.

Apesar da crueza que a vida lhe destinara, Clarice trazia em seu coração as flores perfumosas da resignação a lhe renovar as forças, incentivando-a a prosseguir na sua penosa jornada, sem esmorecer, agradecida pelo dom de viver que o Pai de Infinito Amor lhe houvera brindado.

Antoine, por sua vez, trazendo sua alma asselvajada, envolta pelas teias pegajosas do egoísmo, era incapaz de uma palavra ou de um gesto de carinho e mesmo de atenção para com sua fiel companheira, valendo-se da habitual docilidade desta para impor suas vontades, utilizando-a, somente, para a satisfação dos seus instintos carnais. Assim acomodado, indolente e, por vezes, agressivo, desvencilhara-se, gradativamente, das obrigações que a vida em comum exigia, colocando nos ombros da esposa o fardo pesado das responsabilidades e da manutenção do modesto lar.

A ampulheta do tempo continuava seu trajeto, quando Clarice notara que a gravidez viera visitá-la. Invadida por inenarrável felicidade, alimentando a doce esperança de que sua gestação trouxesse a Antoine o ânimo e a alegria que lhe faltavam, estimulando-o a cumprir com suas naturais obrigações de esposo e agora de pai, apressara-se em comunicar-lhe a doce notícia.

Colocado a par do auspicioso evento, por meio das palavras meigas de Clarice, levemente alcoolizado, ao invés de sentir-se venturoso pela bendita oportunidade de poder recepcionar um novo ser, ávido de carinho e de amor, reagira com extrema frieza, emitindo palavras ásperas, amargas, acompanhadas por inesperada e inconcebível agressividade, empurrando-a molesto, desequilibrando-a, projetando-a, não intencionalmente, ao chão.

Clarice, protegendo rapidamente o seu ventre, na tentativa de amparar o seu bebê, com os olhos desmesuradamente abertos, surpresos e marejados, pôs-se corajosamente de pé, encarando Antoine com justa censura, repudiando a atitude covarde e desamorosa que acabara de praticar.

Profundamente decepcionada, recebendo a visita da verdade que, há tempos, procurava ingenuamente adiar, recolhera-se ao modesto quarto para refazer-se do terrível choque que a vida lhe havia imposto, acariciando, com suas mãos de mãe, aquele ser indefeso que, em seu regaço, encontrara amorosa guarida.

Antoine, ferido em seu orgulho, pelo olhar de repúdio que Clarice lhe endereçara, de imediato, dirigira-se ao quarto para dar continuidade aos impropérios que, há pouco, havia iniciado.

Vendo-a, indefesa e soluçante, no leito modesto que a acolhia, seu rude coração fora envolvido por ondas inabituais de piedade e arrependimento que amigos espirituais que acompanhavam o casal, amorosamente, lhe presentearam, fazendo-o desistir do seu infeliz intento. Em seguida, demandou à rua, batendo a porta, visivelmente transtornado, alimentando o injusto desejo de para ali não mais retornar, deixando Clarice e seu filho sós e desamparados, neste mundo de provas e expiações.

Intensamente amargurada, sentindo-se abandonada e desprotegida, expulsava das entranhas do seu ser lágrimas carregadas de tristeza e de temor que, cruelmente, invadiram sua alma, prenunciando dias difíceis para aqueles dois seres, no amanhã das suas vidas.

Consternada, estiletada pela dor da ingratidão, não percebera as horas passarem quando, acarinhada pelos eflúvios de coragem que sua mentora espiritual docemente lhe endereçava, levantou-se subitamente, encaminhando-se à cozinha a fim de preparar modesta refeição, ensejando-lhe o devido sustento.

Acendera o fogo a lenha, preparando, a seguir, caldo ralo com os poucos recursos que possuía e, sentando-se diante da mesa humilde, despejara, calmamente, no prato simples, algumas poucas conchas daquele que seria o único alimento que mãe e filho desfrutariam até o próximo e incerto amanhã.

Ao mesmo tempo em que o alimento era levado aos seus lábios, ainda trêmulos pelas doridas sensações que havia vivido, Clarice, em pensamento, orava, suplicando ao Mártir da Cruz que encaminhasse aquele pobre repasto não para o sustento do seu corpo físico, mas sim para aquela indefesa criaturinha que agora se tornara a razão do seu viver, a única e verdadeira alegria com que o mundo lhe presenteara.

Envolvida pelo aroma perfumoso do incondicional amor materno, não imaginava, a cada porção ingerida, que se somavam fluidos energizantes que dedicados amigos espirituais, ali presentes, lhe ofertavam, endereçando-os também ao pequenino ser em formação, já maculado pela enfermidade, justa colheita resultante da semeadura condenável que, em existência anterior, houvera friamente perpetrado.

Terminado o parco jantar, Clarice, combalida, retornou ao leito a fim de refazer-se das duras investidas que a vida lhe endereçara naquele longo dia.

Ao amanhecer constatou, surpresa, que o esposo não passara a noite em casa, fato que nunca havia ocorrido e que, naquele momento, lhe trouxe justa inquietação.

Apesar do triste episódio do dia anterior, Clarice, alma compreensiva e bondosa, já havia perdoado Antoine, apiedando-se do rústico companheiro, ciente de que, ansiosamente, ele tentava encontrar a vã felicidade terrena e, nesta busca incessante, ignorando os dúlcidos segredos do verdadeiro amor, cometia constantes desatinos, empazinado que estava do egoísmo pertinaz que o acompanhava, passo a passo, amargurando seus dias, mantendo-o cativo do desânimo, da indolência e da consequente desilusão.

Clarice, quando se encontrava a sós dialogando com Antoine, olhando em seus olhos, fora capaz de perceber sinais de bondade no seu coração, o que a incentivava a continuar o seu calvário, esperançosa de que, no amanhã, haveria de modificá-lo, tornando-o mais humano, fazendo-o desfrutar a brisa cariciosa da felicidade.

Preocupada com a inesperada ausência de Antoine, fora buscar notícias nos arredores, porém, nenhuma informação conseguiu obter sobre o seu paradeiro.

Após alguns dias, Clarice compreendera e, resignadamente, aceitara que Antoine, alma débil de bons princípios, sem forças para assumir as responsabilidades de esposo e de pai, covardemente, a abandonara, deixando-a, inapelavelmente, desamparada. Antoine, desconhecendo a lei da Ação e Reação, iniciava evidente plantio que o obrigaria a colher, no amanhã da sua existência, o fruto amargoso que ele próprio semeara.

Os meses seguiram o seu trajeto e a pobre mulher, sacrificialmente, fora dando sequência à vida, costurando algumas roupas que corações bondosos e também necessitados, esquecendo-se de si próprios, com ela, caridosamente, repartiam para que pudesse, assim, conseguir o seu sustento.

O modesto alimento nunca houvera faltado e, quando tudo indicava que iria findar-se, mãos generosas e solidárias vinham em seu auxílio, suprindo suas prementes necessidades, dando-lhe a coragem de prosseguir, caminhando pelas estradas do mundo, esperançosa de que amanhã seria um novo dia e de que tudo haveria de passar.

Desta forma, dois seres, amparados pelo Pai de Infinito Amor, iam vivendo, física e espiritualmente, nutrindo-se por meio das vias do amor.

Clarice trabalhava com empenho e dedicação, consciente de que somente por meio daquele humilde labor conseguiria, modestamente, sustentar-se e sobreviver.

Por vezes, absorta, debilitada, cessando momentaneamente seu trabalho, sonhava com um lindo porvir para o seu neném, e, assim, usufruindo alguns poucos instantes de fugaz felicidade, acariciava seu ventre, levando àquele pequenino ser as vibrações do seu mais puro amor.

Ao mesmo tempo que o acarinhava, com ele conversava, emitindo palavras cheias de doçura e esperanças, sem saber que aquela alma, cujo corpo físico estava em formação, tudo captava, sorvendo aquelas sutis emanações de incondicional ternura que o faziam sentir-se, sinceramente amado, aportando-lhe momentos de indizível paz.

Incansáveis amigos espirituais acompanhavam aquele desenrolar reencarnatório para que auferisse o sucesso que todos, de lá e de cá, almejavam.

Nesta árdua peleja pela sobrevivência, nove meses haviam passado quando, numa noite de novembro, se apresentaram os primeiros sinais que prenunciavam o iminente nascimento.

Corações caridosos e atentos, imediatamente, se fizeram presentes naquele modesto lar e, pressurosos, apelaram por Gisele, devotada parteira, que, por meio das suas humildes e caridosas mãos, já havia trazido ao palco do mundo muitas almas, facultando-lhes a divina oportunidade de dar sequência ao carreiro bendito das suas respectivas e redentoras encarnações.

Batalhadora incansável pela sobrevivência, acostumada a enfrentar as inúmeras dificuldades que a vida lhe impusera, Gisele, corajosamente, continuava sua dura romagem, trazendo no semblante o otimismo, externando assim as vitórias que, a cada dia, a duras penas, conquistava.

Finalmente, alumiada pela luz tênue de tosco lampião, a frágil criaturinha apresentava-se, humildemente, ao mundo, trazendo em seu corpinho físico as marcas que as suas intemperanças de outrora provocaram. Seu coraçãozinho, já enfermo, demonstrava as dificuldades que haveria de se defrontar para cumprir a tarefa que apenas estava iniciando.

Sim, era Pierre, ex-Alain, colocando-se, corajosamente, diante da vida, propondo-se a com ela pugnar, com o propósito único de enfrentar com estoicismo, as vicissitudes que, inexoravelmente, viriam ao seu encontro e delas se sair vitorioso, reparando os males que, em encarnação anterior, friamente praticara, ferindo de morte corações bondosos, cheios de esperanças, que lhe deram o privilégio do convívio.

Segurando, cuidadosamente, aquele corpinho franzino, Gisele, experiente, de imediato, percebera que ele era portador de alguma anomalia. Sensível, como que pressentindo as agruras que a vida acabara de impor àquela frágil criaturinha, não conseguira reter as lágrimas que, espontâneas, brotaram dos seus olhos, externando um misto de alegria, por trazer à vida mais um novo ser, e de tristeza, por antever dias difíceis que o pequenino haveria de vivenciar.

Clarice, naturalmente extenuada pelos esforços despendidos, levantou com dificuldade seus braços, segurando, carinhosamente, entre as mãos, o seu rebento, aconchegando-o em seu terno regaço, transmitindo-lhe os eflúvios amorosos dos quais o seu humilde e bondoso coração estava repleno.

Após acariciá-lo, beijara-o com indescritível ternura, deixando extravasar toda a felicidade que sua alma, naquele momento, experimentava e, fechando, delicadamente, os olhos, agradeceu emocionada ao Pai da Vida pelo tesouro bendito com que lhe presenteara, confiando-lhe a sublime ventura de ser mãe.

Durante nove longos meses de consciente renúncia, havia agasalhado em seu ventre aquela criaturinha e, apesar das extremas dificuldades que, com destemor, enfrentara, sua alma mantivera-se equilibrada e confiante.

Ciente das responsabilidades que havia assumido, alimentara, aquecera e amara, intensamente, aquele pingo de gente que, naquele saudoso período, lhe fizera doce companhia, proporcionando-lhe usufruir momentos de inigualável felicidade.

Naqueles inolvidáveis instantes, seu coração de mãe delatava seus mais íntimos e puros sentimentos e, visivelmente venturosa, não se apercebera que seu querido portava irreversível enfermidade e, acariciando seu corpinho tenro, considerava-se a mais feliz das criaturas.

Na verdade, era o amor incondicional de mãe que nublava sua visão, fazendo-a desfrutar tão somente aqueles inesquecíveis momentos de inenarrável felicidade.

Em seguida, Clarice, mansamente, conduziu seu olhar em direção a Gisele e, sem emitir uma só palavra, seus olhos, comovidos, a agradeceram, ao mesmo tempo que duas lágrimas desfilaram pelas suas faces empalidecidas, selando, na Terra, um pacto de infinita gratidão pela caridade que, com ela, havia praticado.

Logo após, reunindo todas as suas forças, tentando esboçar um sorriso, dissera-lhe, sussurrando:

— Deus lhe pague!

Combalida, com a saúde extremamente debilitada, reflexo incontestável da alimentação insuficiente, dos intensos dissabores vividos e dos esforços despendidos durante os trabalhos de parto, o corpo enfraquecido e depauperado de Clarice, ex-Catherine, não resistiu e seus olhos fecharam-se, definitivamente, para o mundo, enquanto o seu semblante, lívido, externava paz indescritível que somente experimentam as almas que, amorosamente, cumpriram na Terra as missões que houveram assumido nos céus!

Durante todo o trabalho de parto, amigos espirituais ali se mantiveram presentes, colaborando para que tudo transcorresse naturalmente, sem surpresas e, ao final da *délivrance*[1], todos, felizes, envolvidos por apaziguante luz, elevaram seus pensamentos aos céus, agradecidos pelo sucesso alcançado em mais uma bendita tarefa reencarnacionista.

O Espírito Clarice, momentos após o desencarne, amparado pelos amigos espirituais que o assistiam, fez recair, suavemente, seu olhar amoroso sobre o filho, dele, já saudoso, despedindo-se e, em seguida, vitorioso, voejara por sobre o veículo carnal que acabara de deixar, acariciando-o docemente, agradecido pela guarida que lhe proporcionara, ensejando-lhe nova oportunidade reencarnatória para que pudesse evoluir, aprofundando-se nas águas cristalinas e perfumosas do perdão.

A seguir, partiu para o mundo dos Espíritos, dando continuidade à vida.

Naqueles momentos inarráveis, concretizaram-se na Terra, as promessas que houveram sido feitas na pátria espiritual e, tudo, em nome do amor.

---

[1] Parto.

Caro leitor:

Catherine, agora Clarice, quando ainda se encontrava na erraticidade, assessorada por Espíritos de luz, conscientizara-se da necessidade de envidar todos os esforços no sentido de perdoar Alain, agora Pierre, que tantos desgostos houvera-lhe acarretado, para que, assim, pudesse desfrutar a paz que, há tempos, incansavelmente, seu Espírito procurava.

Devidamente esclarecida, propusera-se a reencarnar, ciente da dificultosa e redentora missão que a aguardava, aquiescendo receber, em época oportuna, Alain como filho, sabedora de que, tão logo ele renascesse, ela própria iria desencarnar, cumprindo desta forma a promessa a que, livremente, se comprometera.

Clarice, durante nove meses, acolhera em seu ventre aquele ser já enfermo, que, em época anterior, lhe trouxera tantos infortúnios, transformando-se, durante a gestação, em seu único alento e companhia que a vida lhe ofertara. Assim, neste convívio diuturno aprendera a protegê-lo e amá-lo, como somente as criaturas premiadas com os lauréis da maternidade poderiam fazê-lo.

Gisele, habituada a vivenciar momentos de intensa emoção, emoldurados por inenarrável felicidade e também por alguns poucos de profunda tristeza, como havia acabado de presenciar, fora, subitamente, acariciada pela brisa suave da piedade que a envolveu com toda a sua ternura.

Surpreendida por lágrimas, carregadas de nobres sentimentos que, incontroláveis, afloraram dos seus olhos, emergidas das profundezas da sua alma sensível, sentiu-se incitada a assumir o sublime compromisso de trazer para si a responsabilidade de criar, proteger e amar aquela criaturinha, esquecida pelo mundo, à mercê da sua compaixão e da sua caridade.

Assim, Gisele, ex-Geraldine Delacroix, propôs-se, naqueles inolvidáveis momentos, a enfrentar com destemor novos desafios, sem se aperceber que começava a cumprir, neste planeta de provas e expiações, as promessas que houvera escrito nas páginas da espiritualidade com as tintas indeléveis do perdão, quando ali se encontrava em estágio redentor.

Vinte e dois anos se passaram, durante os quais as vicissitudes foram as fiéis companheiras daquelas duas almas, Gisele e Pierre, comprometidas em gravar em seus corações as letras luminosas da palavra amor, seguida pelos nobres e incondicionais sentimentos de perdão e reconhecimento.

Com o coração enfermo, evidenciando crescente incapacidade de manter o corpo físico em harmonia, Pierre era acossado por frequentes e agudas crises respiratórias, denunciando o enfisema pulmonar que, obstinadamente, o perseguia, fazendo-o sentir, por incontáveis vezes, a morte abraçá-lo, desejando dar cabo da sua mísera existência.

Gisele, sempre prestativa e carinhosa, acompanhara todo o calvário pelo qual seu tutelado transitara e dele se apiedara com visível sinceridade, passando a amá-lo com todas as forças da sua alma.

Partícipe, ativa e amorosa, deste martírio sem tréguas, Gisele, poucos dias após ter cumprido 60 anos de lutas e renúncias, apresentando falência orgânica generalizada, desencarnara, findando a sua redentora estada terrena.

Havia, dignamente, cumprido a missão a que se propusera, quando na erraticidade e, da Terra, partira, acompanhada por amigos do espaço, rumo à colônia espiritual, para desfrutar o justo refazimento.

Ao jovem Pierre, enfermiço e desamparado, impossibilitado para o trabalho, só lhe restara esmolar para, assim, poder, miseravelmente, sobreviver.

capítulo 5

O burburinho intenso fazia-se notar. Seres humanos com seus semblantes e pensamentos diversos transitavam pelas calçadas das vias públicas da França, levando, no recôndito das suas almas, as experiências e conquistas realizadas e outras tantas a serem, ainda, vivenciadas.

Seus trajes, que caracterizavam as tendências da época, espargiam beleza e encantamento pelas praças e alamedas, por onde homens e mulheres caminhavam, em busca de seus sonhos, empenhados em usufruir a doce felicidade.

As lojas comerciais, refertas de brilho e cores, expunham variados artigos em suas vitrines, caprichosamente decoradas, estimulando os transeuntes a apreciá-los e a adquiri-los.

As vistosas carruagens que por ali desfilavam, levadas por imponentes corcéis, enfeitavam o ambiente, caracterizando a época repleta de vida e esplendor.

Débil garoa caía, teimosamente, molhando as calçadas por onde transitavam cavalheiros e damas, elegantemente trajados, enriquecendo de graça e de poesia aqueles locais.

Por vezes, a voz estridente de algum comerciante se fazia ouvir, chamando a atenção do público que por ali passava, valorizando suas mercadorias.

Musicistas diversos, protegidos pelas marquises das edificações, ali também se faziam presentes, extraindo dos seus instrumentos acordes que adornavam aqueles dias da França, transmitindo aos transeuntes momentos de alegria e de sensibilidade.

Os restaurantes, com seus pratos refinados e vinhos saborosos, delicados, característicos do povo francês, eram convites irrecusáveis ao desfrute.

Naquela pressa, entre sons, cores e aromas, olhares dos mais diversos matizes cruzavam-se nos ares, fazendo pulsar, mais céleres, os corações.

Paralelamente àqueles instantes de intensa magia e beleza, olhos tristes, semblantes sombrios, corpos quase desnudos e debilitados de alguns poucos seres humanos deserdados pela felicidade, ali também marcavam presença, salpicando com as cores negregosas do sofrimento as paisagens da época.

Nas calçadas úmidas e frias, estendendo suas mãos descarnadas e esquálidas, esmolavam, trazendo, no íntimo das suas almas, a tristeza daqueles que se encontram à mercê do mundo, órfãos da compaixão e do amor.

Na maioria das vezes, suas mãos retraíamse resignadas, desprovidas do óbolo generoso que amenizaria seus sofrimentos. Buscavam tão somente alimentar e agasalhar seus corpos açoitados pela fome, desventuras e desamor.

Os corações altivos daqueles outros seres que por ali transitavam, acarinhados que foram pelo tilintar egoístico das suas moedas, ainda não haviam percebido o aroma perfumoso da piedade que tentava, inutilmente, envolvê-los para balsamizar as fibras mais íntimas das suas almas. Assim agindo, não aquilatavam a oportunidade maravilhosa que o Pai da Vida, amorosamente, lhes estava concedendo para dulcificar seus interiores, quitando dívidas, ignorando que aquelas pobres criaturas que lhes estendiam o olhar e as mãos, talvez, em idos tempos, tivessem sido seus companheiros de ideais, amigos, parentes, irmãos...

Mais adiante, outros desafortunados, exalando através dos lábios os vapores nauseantes do álcool e do fumo, externavam suas fraquezas, deixando-se contaminar pelos vícios contumazes, semeando erros para, inexoravelmente, colherem no amanhã das suas vidas mais padecimentos.

Assim sendo, eram acossados pelo escárnio e pela repulsa daqueloutros, cuja visão embaçada pelo egoísmo não lhes permitia enxergar, com os olhos d'alma, as fraquezas e os padecimentos alheios, deserdados que foram, por sua própria incúria, dos tesouros da compreensão e da caridade.

Caro leitor:

Valendo-nos, novamente, da sua generosa imaginação, procuramos dar-lhe uma pálida imagem daqueles dias em Paris, onde pululavam brilho, cores, vida, que deslumbravam os mais frígidos corações.

A garoa fina havia cessado. Pairava no ar um clima de alegria que contagiava os seres humanos que, naquele domingo, buscavam desfrutar momentos de entretenimento e felicidade.

Entre os personagens que desfilavam pelas calçadas da radiosa Paris, um casal, trajado com apuro, se destacava pela sua elegância e distinção.

Já havia algumas poucas horas que por ali transitavam, alegremente, Caroline e Charles, jovem casal de enamorados que, em terno colóquio e olhares apaixonados, contribuíam para realçar, com suas presenças, a beleza daqueles momentos.

O jovem par apreciava, distraidamente, a vitrina finamente decorada de elegante magazine, onde estavam expostos tecidos de alta linhagem, quando o meigo olhar de Caroline, como que conduzido por sublime inspiração, recaiu sobre um daqueles pobres infelizes, esquecidos pelo mundo. Era Pierre, humildemente assentado no chão frio e úmido de pequena reentrância entre uma loja e outra.

Seu rosto triste, seus olhos negros, quase sem vida, seus braços descarnados, compunham um quadro melancólico, emoldurado pela miséria e pelo descaso.

Apesar de já ter visto inúmeras vezes esta cena, a doce senhorinha, como que hipnotizada por aqueles olhos negros que externavam seu calvário de dores e desilusões a suplicar-lhe uma caridosa gota de amor, sentiu-se envolvida por inenarrável emoção que a impelia ir ao seu encontro para, de alguma forma, tentar amenizar o seu visível martírio.

Sentindo o palpitar acelerado do seu coração, Caroline, num esforço supremo, conseguira reprimir seu desejo, naquele momento, que lhe afigurava como inoportuno e descabível.

De braço dado com seu noivo que, como sempre, portava natural nobreza, não se sentira encorajada a pedir-lhe que a acompanhasse naquele seu inesperado e inexplicável desejo.

Charles, parado diante da vitrina, apreciava entretido os finos tecidos que ali se encontravam expostos e, desatento para com tudo o que se desenrolava ao seu redor, nada percebera do que se passava com sua doce amada.

Caroline, por sua vez, lentamente se refazia do intenso impacto emocional pelo qual passara, quando percebera fluir do cerne da sua alma, de forma inexplicável, um sentimento da mais pura fraternidade e profunda compaixão, que nunca havia experimentado, como se fosse brisa suave a acariciar lembranças ocultas no íntimo do seu ser, perplexo, pelo inusitado episódio.

De mãos dadas, trocando palavras de ternura e amor, os jovens noivos voltaram a caminhar alegremente pelas calçadas, ainda molhadas, da encantadora cidade francesa, orgulhosa da arte, da cultura e das conquistas do seu povo, reconhecido também pelo seu incontestável estoicismo e altivez.

Recomposta do choque emocional que a abalara tão profundamente, a jovem Caroline procurava distrair-se com as cenas que diante de si desfilavam, ao mesmo tempo em que usufruía a presença sempre gentil e atenciosa do seu amado.

Apesar do seu empenho, aquela cena há pouco ocorrida ficara gravada na sua memória e indefinível sentimento de remorso viera visitá-la, incitando-a a retornar àquele nicho de sofrimento e penúria, ofertando ao pobre homem a moeda de que necessitava, retribuindo-lhe, ao mesmo tempo, a ternura do olhar que, instantes atrás, lhe endereçara.

Entretanto, não teve a coragem de fazê-lo e, minutos após, Charles e Caroline chegavam ao término de mais um habitual passeio e, já saudosos daqueles momentos vividos, retornaram aos respectivos lares, onde seus queridos os aguardavam para, como de costume, comungarem momentos de amistoso e fraternal colóquio, como sempre faziam no final das tardes de domingo.

Caroline adentrara sua residência, dirigindo-se, rapidamente, para os seus aposentos. Assentando-se em aconchegante poltrona, pôs-se a meditar sobre os fatos que haviam acontecido, procurando acalmar sua mente e seu coração que evidenciavam a ansiedade natural, deixada como herança, pelos momentos vividos com a mais intensa comoção.

Martine, sua aia de confiança, criatura generosa e espiritualizada, percebera que algo de diferente havia ocorrido com sua ama e, instantes após, adentrava o fino recinto, oferecendo, gentilmente, à jovem donzela, uma reconfortante chávena de chá.

A noite se aproximava e, com ela, Caroline passara a sentir alguns lampejos de saudade das horas felizes que havia compartilhado com seu querido, naquela tarde de domingo.

Assim sendo, dava ensejo para que sutil sentimento de solidão tentasse enlaçá-la.

Por mais que procurasse espairecer, não conseguia apagar do seu pensamento a imagem daquele pobre homem a fitá-la, súplice, por uma migalha de caridade e comiseração.

Tinha a nítida impressão de que já o conhecia, porém de onde, como, se nunca o havia visto? Vivia em outros ambientes, rodeada de pessoas cultas e abastadas, e por que tal sensação teimava em permanecer? Quem seria aquela criatura, desafortunada, que lhe causara tão profunda impressão?

Leves batidas na porta fizeram-na despertar das suas reflexões. Era Martine, avisando-lhe que o jantar seria servido e que seus familiares a aguardavam na sala de estar.

Em seguida, dirigiu-se à toalete e, fitando-se no espelho, reparou que leves olheiras vieram-lhe visitar e seus olhos marejados deixaram escapar lágrimas sentidas que rolaram por suas faces delicadas, externando a melancolia, inexplicável, que sua alma experimentava.

— Por quê? - perguntava a si mesma. - Por quê? Tenho o teto que me abriga, a roupa que me agasalha, o pão que me alimenta, o leito que me refaz, o cobertor que me aquece. Sou jovem, saudável, amo e sou amada, sou feliz! Por que esta tristeza súbita e desarrazoada que neste momento me envolve? Em breve eu e Charles estaremos casados, e isto é tudo que eu mais quero, por que este pesar que abala o meu ser? Por quê? - eram perguntas que não conseguia responder!

Ainda envolvida por estes pensamentos, Caroline dirigira-se à sala de estar onde seus pais, já bem idosos, Florence e Jean, a esperavam, apreensivos.

Após os abraços e os beijos que traduziam o profundo amor que os unia, Florence, demonstrando certa ansiedade, indagou-lhe o porquê de não lhe ter avisado da sua chegada, como fazia costumeiramente, ao mesmo tempo em que seu pai, carinhosamente, lhe dissera que há muitas horas não a via e que seu coração estava saudoso da sua presença que iluminava os seu dias!

Um sorriso, mesclado de ternura e gratidão, brotara dos lábios de Caroline que, a seguir, respondera a indagação com a amabilidade que a caracterizava, alegando um certo cansaço pelas emoções vividas naquele inesquecível dia.

A espontaneidade das palavras e a tranquilidade do seu olhar foram suficientes para acalmar os seus queridos, eliminando as preocupações dos minutos anteriores.

A seguir, encaminharam-se para a sala de jantar, onde a mesa, finamente decorada, expunha saborosas iguarias, tradicionalmente apreciadas pela família Leclerc, convidando-os à apreciação e ao deleite.

Após o jantar, dirigiram-se todos para a sala de estar, onde o casamento de Caroline e Charles fora a tônica da amena conversação.

Decorridos três quartos de hora, Caroline despedira-se, carinhosamente, de seus pais, encaminhando-se para a intimidade dos seus aposentos.

Após soltar os cabelos, negros como a noite, e remover a quase imperceptível maquiagem, sua beleza continuava irrepreensível, até mais pura e singela.

Sua pele era clara e macia, seus olhos verdes da cor do mar, seus lábios dúlcidos, sua meiguice e simplicidade, cativantes. Caroline era a imagem de um anjo que descera dos céus para enfeitar, com sua presença, as terras da França.

Seu quarto decorado com apuro, onde se destacavam os bordados e os finos tecidos de cores alegres e delicadas, era sempre envolvido pelo brando aroma de flores que pululavam nos jardins da mansão dos Leclerc.

Assim, naquele clima suave, que convidava ao descanso, Caroline aconchegou-se ao leito, em busca do refazimento e da paz.

Apenas alguns poucos minutos foram suficientes para que um sono profundo a enlaçasse. Sentira-se transportada para uma outra época. Os cabelos loiros, os olhos verdes, emolduravam um lindo rosto de jovem, aparentando suas 18 primaveras.

A galope, em sua montaria, pelas pradarias fartas de exuberante vegetação, adornada por flores de variados matizes que exalavam dulçoroso perfume a inebriar aqueles que por ali passavam, via-se acompanhada por um rapaz de tez clara, cabelos aloirados, olhos azuis, corpo esguio e forte, evidenciando cerca dos seus 25 anos.

Ambos, no esplendor contagiante da juventude, deixavam transparecer a alegria própria dos corações sinceramente apaixonados, envolvidos pelas teias aveludadas do amor.

Em seguida, via-se ajudada a apear da sua montaria por um jovem de pele amorenada pelo sol, cabelos acastanhados, braços fortes e olhos negros penetrantes que a fitavam com desagradável impertinência, fartos de sensualidade e de cobiça, que a importunavam, a ponto de ruborizar suas faces delicadas.

Após o episódio, o sonho chegara ao final, e Caroline despertou.

No interior do seu ser, atônito, ficara nítida impressão de que aqueles três personagens nada mais eram do que ela, seu noivo e aquele pobre rapaz que lhe causara tantas emoções no dia anterior.

Perturbada pelo desenrolar do insólito sonho, perguntava a si mesma: Como poderia aquela jovem de cabelos loiros, com aparência e trajes que caracterizavam épocas passadas, ser ela própria? Como poderia o cavaleiro aloirado que a acompanhava na cavalgada ser Charles e o jovem de olhos negros penetrantes, aquele infeliz pedinte? Como?

Na procura de respostas que satisfizessem sua natural curiosidade, permanecera acordada durante o resto da noite, sem conseguir o seu intento.

capítulo 6

No dia seguinte, tênue palidez a visitava, denunciando a noite mal dormida, sem contudo tirar a beleza do seu rosto de donzela.

A seguir, dirigiu-se ao terraço da encantadora residência dos Leclerc para, com seus queridos, fazer o costumeiro desjejum.

Em meio à amena conversação, Martine, solícita, aproximou-se de Caroline para entregar-lhe um bilhete que educado mensageiro acabara de lhe confiar.

Era de Charles que, com ternas palavras, agradecia as horas felizes desfrutadas naquele domingo chuvoso, evidenciando a saudade que o estimulava a revê-la o quanto antes.

Um leve e delicado sorriso voltou aos lábios de Caroline, enfeitando seu rosto, delatando a alegria que invadia, naquele instante, o seu coração.

Momentos após, a jovem retornou ao seu quarto, pondo-se, novamente, a refletir sobre todas aquelas ocorrências que tanto a impressionaram.

Repentinamente, sentira brotar das profundezas do seu ser um desejo incontido de ir ao encontro daquele infeliz pedinte para tentar amenizar as suas agruras, imaginando que, somente desta maneira, haveria de extirpar da sua alma o remorso inexplicável que lhe fazia atroz companhia.

Sem se aperceber, ei-la vestindo-se, rapidamente, para materializar aquele seu pensamento.

Instantes após, a jovem senhorinha, a passos sôfregos, estava a caminhar, acompanhada por Martine, dirigindo-se para o local onde, no dia anterior, aquele deserdado pela sorte se deparava a esmolar.

Ali chegando, ansiosa, vê-se laçada por forte decepção, pois não o encontrara. Pungente sentimento de dor invadira-lhe as entranhas, presenteando-a com o pessimismo descabido de que não iria mais vê-lo, carregando consigo o fardo do remorso a pesar-lhe na alma.

Desapontada, vagarosamente, retornara ao lar, permanecendo tristemente ensimesmada durante toda a semana.

Todavia, com o passar dos dias, suave aragem de esperança de que iria ainda reencontrá-lo viera acarinhá-la, para logo em seguida dissipar-se, deixando em seu lugar desalentadoras meditações.

Charles, retornando de sua costumeira viagem de negócios, nos arredores da capital francesa, no domingo tão esperado por Caroline, veio encontrá-la para expulsar as saudades e, juntos, desfrutarem momentos de felicidade, embalados pelo pulsar amoroso de seus corações.

Por delicada insistência de Caroline, caminhavam pelos mesmos locais onde estiveram, havia uma semana, quando emocionada, a jovem senhorinha avistara o pobre enjeitado a esmolar. Num ímpeto instintivo dele se aproximou, conduzindo Charles pelo braço que, surpreso, a acompanhara, solícito.

Diante daquele quadro constrangedor, o jovem casal observara a dura realidade da vida a extravasar a miséria e a dor.

Os olhares daqueles três seres humanos se cruzaram e seus corações bateram céleres, parecendo, inexplicavelmente, conhecerem-se na esteira perdida dos tempos, tornando-se visíveis as fortes emoções que, naquele momento, os abraçavam.

Charles também percebera emergir das profundezas de suas entranhas um sincero sentimento de piedade, que jamais experimentara. É que sua alma, como a de Caroline, fora tocada pelos doces acordes da mais pura fraternidade.

Impelido por estes nobres sentimentos, Charles, tirando uma moeda do bolso, empenhou-se em colocá-la, carinhosamente, nas mãos daquele infeliz, cujos olhos negros, momentaneamente vivazes e penetrantes, pareceram sorrir, dando novos contornos às suas faces descarnadas.

Num esforço heroico, o pobre Pierre, estendera-lhe as mãos, não somente para receber o óbolo generoso, mas também como se lhe entregasse o seu sofrido coração!

Naquele instante, Caroline, ex-Anne, sentira germinar em sua alma alegria indescritível que não conseguia avaliar de onde provinha e por quais razões ternamente a acariciava.

Charles, ex-Gérard Delacroix, por sua vez, percebera o pulsar acelerado do seu coração e também não conseguia definir o sentimento repentino e incontrolável que o assaltara. Por que, aquele pobre homem que lhe estendia as mãos descarnadas, com olhar suplicante e dorido, lhe havia causado tão forte impacto?

Tinha a certeza de que não o conhecia, de que nunca o havia visto, e, sem encontrar explicação plausível, naquele exato instante, algo inusitado e desarrazoado lhe viera à mente.

Era como se aquelas almas estivessem desfrutando uma nova oportunidade de reconstruir o amor que, em passado longínquo, houvera sido destroçado pela crueldade e pela injustiça.

Foram momentos celestiais que nenhum ser humano, por mais sábio fosse, conseguiria aquilatar, tal a profundidade dos sentimentos que afloraram daqueles corações, agora novamente entrelaçados pelas teias veludosas do amor. Era o ontem, cheio de iniquidades e amarguras, a transformar-se no depois, envolto pelo aroma perfumoso do perdão, projetando para o amanhã as alegrias inimagináveis da consciente e fraternal reparação.

Era o Pai de Infinita Bondade, acolhendo em seu terno regaço aquelas três criaturas, ofertando-lhes redentora oportunidade de cultuar o perdão para conseguirem usufruir os tesouros do amor.

Sem se aperceberem, uma plêiade de Espíritos jubilosos os envolvera em ondas de contagiante felicidade, celebrando, com as alegrias próprias dos justos e amorosos, o feliz reencontro, alhures programado.

A chuva fina recomeçara a cair, como se fora lágrimas do céu, plenas de alegria, abençoando aquele tão esperado momento.

O pobre mendigo esboçara sincero sorriso e, de repente, como se houvesse sido trespassado por punhal invisível, tombou desfalecido sobre o chão molhado da calçada.

Caroline e Charles, deveras surpreendidos, impulsionados por sentimento de profunda piedade, com presteza, dele se aproximaram. Caroline, espontaneamente, enquanto o trouxera para junto de si para, de alguma forma, ampará-lo, tentando trazê-lo de volta à vida, Charles apressara-se em providenciar uma condução que os levasse a algum hospital, a fim de socorrer o jovem desditoso.

Carruagem, que pelas imediações transitava, parara, rapidamente, após o aflitivo sinal do jovem, a fim de ser utilizada no transporte daquelas almas acometidas por sentimentos de compaixão e profunda solidariedade.

Era a presença definitiva do perdão que, como cariciosa brisa, envolvia aqueles corações. Era o amor que emergia das cinzas do sofrimento, acalentando um novo porvir.

Charles, jovem de fino trato, acarinhado pela moeda farta que suas vestes e o seu educado proceder denunciavam, cuidadosamente, colocara o jovem desventurado em seus braços, conduzindo-o, sofregamente, para a carruagem que os aguardava e que os conduziria, em seguida, para o hospital mais próximo.

Quando lá chegaram, Charles, portando nos braços o corpo inerte, quase sem vida, do jovem pedinte, cujas vestes humildes delatavam sua extrema miséria, foram recebidos com visível frieza pelos enfermeiros, desdém até, pois, naquela casa de saúde, somente eram atendidas pessoas abastadas, obviamente com condições financeiras para arcarem com as despesas condizentes com o fino e atualizado padrão de socorro que naquele local se processava.

Charles, com o olhar e a fala demonstrando equilíbrio e respeitosa firmeza, acompanhado por indisfarçável preocupação, recomendara, polidamente, aos profissionais, para que tomassem as providências necessárias para o socorro imediato ao jovem necessitado.

Enfim, solícitos, os enfermeiros apressaram-se em conduzir o enfermo ao pavimento específico onde os médicos, ali presentes, passaram a ministrar-lhe os primeiros socorros.

O casal de enamorados, na sala de espera, aguardavam apreensivos notícias sobre aquele indigente que lhes havia provocado tão fortes e inexplicáveis comoções, ensejando suas almas a desfrutar de incontidos sentimentos de carinho e comiseração.

Seus corações palpitavam em uníssono, vibrando em compasso amoroso pela recuperação daquele desconhecido quando Caroline, segurando as mãos do seu amado, com a ternura característica das almas plenas de amor, disse-lhe emocionada:

— Vamos orar!

E assim, delicadamente, fechando seus lindos olhos, sentindo o calor das mãos do seu amado e o palpitar do seu jovem coração, iniciou comovida oração:

— Jesus!

— Quem somos nós, neste emaranhado de sensações, para arbitrar o que é certo e o que é errado nas ações dos seres humanos que, como nós, experienciam esta jornada terrena?

— Quem somos nós, para ditar normas e delinear as estradas a serem percorridas por outros pés?

— Quem somos nós, senão almas eternas à procura da felicidade e da luz?

— Quem somos nós, senão criaturas sofridas em busca do aconchego dos vossos braços, Jesus?

— Quem somos nós, Cristo Jesus? Quem?

— Há dias venho percebendo meu coração sendo invadido por suave sentimento de compaixão que nunca dantes houvera experimentado, incitando-me a dirigir-me ao encontro daquele jovem desventurado, que desconheço o próprio nome, com o propósito de amenizar seu padecer, enxugar o pranto dos seus olhos suplicantes, propondo- me a ajudá-lo a desfrutar um pouco de felicidade que, tenho a certeza, desconhece.

— Confesso que um insólito e piedoso sentimento por esta criatura apoderou-se do meu ser, impelindo-me à caridade despretensiosa.

— Sinto que mãos invisíveis, docemente, nos guiaram pelas calçadas da França, para que pudéssemos encontrar num cantinho, úmido e esquecido, aquele jovem, extremamente sofrido, a nos suplicar, por meio do olhar e das mãos frias e descarnadas, tão somente uma migalha de compaixão. Só poderia ser vós, Jesus, que com vossa bondade infinita nos houvera proporcionado a sublime oportunidade para que pudéssemos abrir as comportas do nosso coração às dores alheias, impulsionando-nos a ofertar aos irmãos do caminho um pouco do imenso amor que, pacientemente, derramais sobre nós, perfumando nossa alma, banhando-a com a vossa harmonia e com a vossa paz!

— Assim, Mestre de Infinito Amor, sinceramente agradecidos e nos considerando devedores pelas bênçãos que temos recebido, vos oferecemos, sinceramente, os nossos corações espirituais, na certeza de que os conduzireis até aquele pobre homem, presenteando-lhe com os nossos mais puros sentimentos, ensejando-o a sentir-se fraternalmente amparado.

Lágrimas de incontida emoção deslizaram, suavemente, banhando as faces dos jovens apaixonados, deixando extravasar as nobres sensações de que suas almas estavam possuídas.

Charles, visivelmente comovido, abrira os olhos e, presto, carinhosamente abraçou Caroline, beijando-lhe o rosto delicado, tornando-se cúmplice daqueles pensamentos que sua doce amada havia externado por meio das palavras sinceras e cheias de ternura.

Inebriados pelas fortes emoções vivenciadas, não perceberam a presença do doutor René, ex-Felipe Delacroix, gentil médico, que deles se aproximara, sem interromper aquele sublime colóquio com os céus.

Ali permanecera em silêncio e, comovido, a tudo escutara absorvendo cada palavra, deixando-as, suavemente, adentrar os ouvidos da carne e como néctar dulçoroso, repleto de fraternidade, banhar sua alma também sensível.

Como nuvem fugaz, desvanecera-se aquele momento de deleite espiritual, cedendo lugar aos tradicionais cumprimentos e apresentações.

Caroline, sem delongas, perguntara, delicadamente, ao profissional que aparentava cerca de 30 anos:

— Como está o enfermo, doutor?

Ainda sensibilizado pela prece, espontânea e enternecida, que acabara de escutar e absorver pelas vias do coração, polidamente lhe respondera:

— O quadro se apresenta estático. Confesso ser prematuro um diagnóstico preciso sobre o seu estado. Torna-se imprescindível o acompanhamento médico do jovem paciente para que se possa ter uma visão global da enfermidade e, consequentemente, tratá-la com a devida precisão.

— Entretanto, trata-se de jovem indigente, destituído de toda e qualquer possibilidade de manter-se neste hospital.

— De minha parte preferiria que aqui permanecesse, porém, tenho a certeza de que os senhores haverão de compreender que existem normas nesta instituição e que, logicamente, deverão ser seguidas.

— Em vista disto, eu me incumbirei, pessoal e urgentemente, de providenciar o seu traslado para hospital adequado para estes casos, onde o jovem enfermo receberá o atendimento de que está necessitado, isento de quaisquer despesas e honorários médicos.

— Como junto ao doente não fora encontrada documentação que o identificasse, resta-nos apelar aos senhores para que nos autorizem sua imediata remoção.

Charles, visitado por incomum senso da fraternidade, permanecera calado por instantes, refletindo.

A seguir, dirigindo-se, polidamente, ao profissional dissera-lhe:

— Doutor René. Solicito seus préstimos no sentido de que o nosso paciente possa aqui permanecer.

Sem esperar que o médico se pronunciasse, disse-lhe com educada convicção:

— Quanto às despesas, não será motivo de preocupações, pois arcaremos com todas elas. Este jovem é merecedor de todo o nosso respeito e atenção, pois o Pai da Vida, amorosamente, o colocou em nosso caminho, ensejando-nos a irrecusável oportunidade de amenizar os seus sofrimentos, auxiliando-o neste dorido momento de sua romagem terrena.

O médico sentira-se profundamente sensibilizado pela nobre e bondosa atitude que o jovem Charles acabara de tomar. Sua alma fora tocada por insólita sensação de simpatia e afeição por aqueles personagens que acabara de conhecer e que lhe possibilitaram desfrutar de experiências tão enternecedoras .

Envolvido por estes elevados sentimentos, respondeu-lhe, decidido:

— Assim o farei! Quero dizer-lhes que, apesar de desconhecer o jovem indigente, sinto que o seu corpo enfermo agasalha uma alma carente de amor que os senhores, bondosamente, lhe estão ofertando, ao qual lhes peço, possa juntar o meu também.

Invadido por comoção que nunca houvera vivenciado, segurou a destra delicada de Caroline, beijando-a respeitosamente e, em seguida, como que conduzido por mãos divinas, desvencilhando-se das amarras do orgulho que o título de doutor teimava em enredá-lo, abraçara Charles que, espontaneamente, retribuiu o amplexo, deveras emocionado.

Caro leitor:

Um conluio amoroso acabava de ser grafado no diário espiritual daquelas criaturas endividadas, ensejando-lhes dessem continuidade na Terra ao bendito processo de ressarcimento que houveram iniciado na pátria espiritual, procurando apagar dos seus corações as máculas do ressentimento e do ódio que, em épocas passadas, enegreceram suas almas, retardando seus passos, adiando para o amanhã de suas vidas o doce encontro com o Mártir da Cruz.

Caroline, outrora Anne; Charles, ex-Gérard Delacroix; René, antes Felipe Delacroix e Pierre, ex-Alain, foram visitados por paz indescritivel, sem se aperceberem que, naqueles inolvidáveis momentos, seus corações foram orvalhados pelo bálsamo perfumoso do perdão.

Espíritos que, amorosamente, interagiam junto àqueles seres, sentindo o êxito dos esforços que haviam realizado, deixaram extravasar o regozijo inimaginável que a vitória, por todos conquistada, os presenteara.

Junto ao seu veículo físico, o pobre enfermo era assistido por amigos espirituais que o acompanhavam, amparando-o, naqueles momentos mesclados de emoções.

Seu corpo, vergastado pelos maus-tratos que a vida lhe havia imposto, fora açoitado por fortes anginas, apresentando extremas dificuldades respiratórias, fazendo-o sentir os braços frígidos da morte a lhe envolverem impiedosos.

A medicação que lhe fora ministrada, acompanhada pelas vibrações de saúde e recuperação que lhe eram endereçadas e pelo desvelo das entidades espirituais que o assistiam, aportaram sinais de vida ao seu corpo combalido, amenizando suas dores e aflições, dando-lhe forças para, ainda, tentar prosseguir na sua sofrida romagem.

Hora e meia transcorrera desde o momento em que o jovem desafortunado dera entrada naquele hospital, quando Caroline, Charles e o próprio René, com os corações compadecidos e esperançosos, envolvidos por uma paz incomum, partiram de retorno aos seus lares, em busca do justo refazimento, após todos aqueles momentos de vívidas sensações.

René, ao adentrar sua elegante moradia, fora como de costume, recebido carinhosamente por Juliete, sua esposa, que, externando sorriso cheio de alegria, saciou a saudade que dele sentira.

Minutos após, o casal encontrava-se na sala de jantar para o desfrute de frugal refeição.

Juliete, sensível e observadora, notando a suave lividez presente nas faces do esposo, assim como o seu olhar denunciando estar sendo visitado por paz inabitual, docemente inspirada por Espíritos ali presentes, dissera-lhe:

— Querido. Vejo seu semblante ser visitado por tranquilidade incomum, delatando que sua alma foi envolvida por ondas de insólita serenidade, fazendo-o conhecer novas facetas da vida e que lhe fizeram muito bem.

Calara-se por instantes e, com o olhar cheio de meiguice e a voz cariciosa, perguntara-lhe, esboçando leve sorriso:

— Estou distante da realidade, meu querido?

Surpreendido pela impecável observação, René, carinhosamente, segurou as mãos de Juliete entre as suas, dizendo-lhe com ternura e admiração:

— Desde que aqui cheguei, não tive o devido tempo para narrar o que comigo ocorreu em mais uma jornada de trabalho e eis que, uma vez mais, sua sensibilidade se fez presente, penetrando na intimidade do meu ser, auscultando os meus sentimentos, exteriorizando, por meio das suas palavras, a expressão irrepreensível da verdade que hoje viera me visitar, possibilitando-me desfrutar momentos de inenarrável felicidade.

— Sinto-me acarinhado por profunda paz, presenteado pelo bálsamo do amor que corações desconhecidos derramaram suavemente nas minhas entranhas, fazendo despertar em mim sensações inusitadas de profunda compaixão e fraternidade que nunca havia desfrutado.

— Senti como se o Cristo Jesus tivesse visitado minh'alma, ensinando-me o verdadeiro significado do amor, não só por aqueles que comungam os mesmos laços consanguíneos, mas estendendo-o aqueloutros que caminham pelas estradas do mundo buscando, como eu, a tão decantada felicidade. As fibras mais sutis do meu ser foram tocadas, fazendo-me vislumbrar um novo amanhã, ensejando-me a ver, julgar e agir não só pelas vias da razão, mas também pelas veredas do coração.

A seguir, com riqueza de detalhes, narrou a Juliete os acontecimentos do dia.

Lágrimas emocionadas, plenas de alegria, acariciaram suas faces e um abraço, de mútua ternura e enlevo, uniu seus corpos, cativos da Terra generosa, enquanto suas almas como que se elevaram, por instantes, aos céus, vislumbrando os portais da felicidade, emoldurados pelo brasão da doce fraternidade.

No dia seguinte, exatamente as oito horas, Caroline e Charles adentraram o hospital, ansiosos por notícias sobre o jovem paciente.

Ao dirigirem-se para o saguão principal, em busca de informações, René, que já os havia visto, viera-lhes ao encontro, denunciando pela seriedade do seu semblante, um misto de preocupação e tristeza que o afligiam. Após os gentis cumprimentos, passou a relatar-lhes o estado de saúde do pobre tutelado, dizendo-lhes:

— Não há mais dúvidas. Infelizmente foi detectada a irreversível falência do seu coração, com o consequente comprometimento dos demais órgãos, notadamente os pulmões, que apresentam pertinaz enfisema, dificultando sobremaneira a respiração, provocando-lhe incessante agonia, fazendo-o pressentir a vida prestes a esvair-se.

Em seguida, convidou-os a acompanhá-lo ao quarto onde o jovem enfermo se encontrava, preparando-os para as tristes cenas que haveriam de presenciar, bem como para a possibilidade da morte ali, naqueles instantes, se apresentar.

Visivelmente entristecidos, adentraram o local.

Pierre, assolado por intensa crise respiratória, com o olhar desvairado, os lábios lívidos e as faces visitadas por palidez inarrável, exteriorizava os sofrimentos que estava enfrentando.

Caroline, impulsionada por incontrolável sentimento de compaixão e espiritualmente inspirada, colocou delicadamente a mão sobre a fronte do pobre rapaz, suplicando a Deus Pai que amenizasse os seus padecimentos que, naqueles momentos, haviam se transformado no retrato vívido da dor.

Espíritos dedicados, que acompanhavam, zelosos, todo aquele dorido processo de resgate, aproveitaram-se do passe inconsciente que Caroline ministrava em Pierre para, sutilmente, envolverem-no em ondas de tranquilidade e de paz, fazendo com que experimentasse momentâneo bem-estar que, há muito tempo, não experimentava.

Caroline, Charles e René, perplexos, não tiveram dúvidas de que a súplica emocionada, extraída das profundezas da alma de Caroline, fora atendida.

Aliviado daquele atroz sofrimento, Pierre, ternamente, passeara o olhar pelos semblantes daqueles seres amoráveis que o acarinhavam, por meio do calor das suas presenças e despretensiosas atenções.

Fixando seus olhos nos de Caroline e de Charles, com muito esforço, estendera-lhes as mãos frágeis e descarnadas a suplicar-lhes a caridade do contato.

Docemente, os jovens enamorados ofereceram as suas ao pobre enfermo que, visivelmente comovido, as colocara, suavemente, entre as próprias, lacrando assim o cofre contendo as joias imensuráveis do agradecimento e do perdão.

René, também vivamente emocionado, colocara a sua mão por sobre as demais, quando lágrimas incontidas, cheias de sensibilidade, deslizaram pelas faces de todos, traduzindo o êxtase que se apoderara daquelas almas que, ao percorrerem as estradas reencarnatórias, mutuamente se compromissaram perante as leis do vero amor, que o Sublime Peregrino da Paz, generosamente, a todos legara.

Silêncio absoluto os envolvera, possibilitando-lhes sentir o pulsar dos seus corações, inebriados pelas emoções, quando, Pierre, afrouxando as mãos, demonstrando em sua fisionomia a paz dos vitoriosos, fechara os olhos, despedindo-se da vida física, dando por terminada a sua mais recente romagem por este planeta azul. Um misto de consternação e alívio envolvera Caroline, Charles e René.

No final da tarde do mesmo dia o veículo físico, sem vida, de Pierre, desceu ao sepulcro. Porém, seu Espírito ainda combalido, desligado do corpo carnal e carinhosamente amparado pelos Espíritos que o assistiam, deitou seu olhar agradecido por sobre aquelas criaturas que lhe ofertaram, despretensiosamente, as flores perfumosas do perdão, facultando-lhe a oportunidade bendita de redimir-se dos erros de antanho, quando, ainda escravizado pelo egoísmo contumaz, não conseguira vislumbrar a presença do Cristo Jesus a oferecer-lhe o aconchego do seu doce regaço.

Charles, generoso, arcara com todas as responsabilidades no tocante ao sepultamento, que transcorreu em clima de sentimento e respeito.

capítulo 7

Dez meses transcorreram após o sofrido desenlace de Pierre.

A alegria envolvia as famílias de Caroline e Charles, pois a data das núpcias dos seus queridos já havia sido marcada. Os corações dos jovens pulsavam com ansiosa expectativa, enquanto suas fisionomias espelhavam a felicidade que invadia suas almas esperançosas.

Os noivos puseram-se de acordo quanto à igreja, aos convidados, ao local da recepção e às demais providências que se faziam necessárias, para o sucesso do enlace tão aguardado, assim como aos trajes que, cada qual, iria utilizar durante o auspicioso evento.

Doces colóquios eram mantidos pelo casal de enamorados e, quanto mais se aproximava a data tão esperada, os olhos de Caroline pareciam cintilar, fazendo emergir do âmago da sua alma as luzes da alegria, enquanto, pelos lábios de Charles, deslizavam ternas promessas de felicidade e de amor, exteriorizando essas joias de incomensurável valor.

Era o final de uma daquelas belas tardes de outono, início de noite, acariciada por amena temperatura, quando Caroline e Charles, diante do reluzente altar da igreja de Saint-Etienne, preparavam-se para receber as bênçãos do matrimônio.

Eram muitos os convidados presentes à encantadora cerimônia que, vestidos à caráter, enfeitavam o interior do templo religioso, ocupando todas as suas dependências.

Logo nos primeiros assentos, deveras emocionados, encontravam-se René e Juliete que, após o episódio que culminara com o desencarne de Pierre, tornaram-se sinceros companheiros do casal de nubentes, mormente René, que passara a nutrir por Charles fiel e fraternal amizade, o mesmo ocorrendo com o jovem recém-casado.

Assim, esses corações algemados pelas leis do amor, presenteando-se com a honra das suas mútuas companhias, davam seguimento aos compromissos que houveram assumido quando, no além, se encontravam.

Terminada a cerimônia religiosa, os convidados dirigiram-se para a elegante residência do venturoso casal, Charles e Caroline, a fim de usufruírem o evento festivo que havia sido, meticulosamente, preparado para a celebração daquele momento de tão magna importância para as suas vidas que a partir de então, unidas, passariam a desfrutar.

A comemoração, que perdurou por horas, transcorreu plena de alegria e civilidade, traduzindo a nobreza de caráter dos convidados, para a satisfação dos anfitriões e de seus respectivos familiares, que externavam a felicidade que envolvia os seus corações.

O carrilhão da aconchegante e confortável sala de estar assinalava o meio da noite, quando o último casal de convivas se despediu, cortesmente, de Caroline e Charles, deixando-os, finalmente, à sós, para desfrutarem inolvidáveis momentos que somente as almas sinceramente apaixonadas têm a ventura de vivenciar.

Quatro anos haviam transcorrido daquele dia repleto de felicidade, quando Caroline, grávida, acompanhada por Charles, dera entrada àquele mesmo hospital, acolhendo em seu ventre o fruto bendito do amor que continuava perfumando suas vidas.

Imediatamente, foram recepcionados por René que, solicito, e com presteza, dera a devida acolhida à jovem parturiente, no momento divino da sua tão aguardada maternidade.

Zeloso, após examiná-la, externando um sorriso de confiante satisfação lhe dissera, gentil:

— A hora é chegada! Preparem-se para recepcionar esta doce criaturinha, que o Pai de Infinita Bondade a vocês confiou, presenteando-lhes com a honra suprema de acolhê-la em seus generosos regaços para que possam proporcionar-lhe uma vida plena de dignidade e muito, muito amor!

Três quartos de hora haviam passado, quando René, segurando entre as mãos, saudável varão que, por meio dos seus préstimos médicos, acabara de chegar ao mundo para adorná-lo com a sua presença, delicadamente, o colocara junto ao plácido aconchego da jovem mãe que, com lágrimas de intraduzível felicidade banhando suas faces, o beijou, com tal enternecimento, que impossível se torna, aqui, descrevê-lo.

Charles, imediatamente, fora informado sobre o feliz nascimento e, conduzido por gentil enfermeira, dirigira-se, ansioso, para local contíguo à sala de partos quando vira René, sorrindo, mostrar-lhe, através da divisória envidraçada que separava os dois ambientes, o tenro rebento que, delicadamente, amparava em seus braços.

Minutos após, exultante, dirigira-se para os aposentos onde sua doce amada já o aguardava e, dela aproximando-se, depositara em seu rosto delicado o beijo que denunciava o seu imenso amor e toda a sua gratidão. Em seguida, encaminhando-se em direção a René, que comovido, a tudo assistira, ofertou-lhe o abraço emocionado que traduzia a sinceridade da sua amizade e do seu agradecimento.

Seis meses depois, numa ensolarada manhã de domingo, em aprazível recanto ajardinado da elegante residência dos jovens cônjuges, quando suave aragem transportando o perfume das flores acariciava os seus semblantes, vamos encontrar Charles e Caroline, ditosos, a refletir sobre a felicidade que lhes fazia doce companhia.

Conduzidos pela mesma inspiração, de mãos dadas, aproximaram-se do berço que, caprichosamente decorado, aconchegava entre seus tecidos finos e bordados delicados, o corpinho tenro e saudável do pequeno Victor.

Seus olhinhos negros e penetrantes, quando viram seus pais diante de si, encheram-se da mais pura e ingênua alegria, incitando seus lábios a externar um sorriso que retratava a felicidade que seu coraçãozinho desfrutava naquele momento.

Emocionada, a jovem mãe com delicadeza trouxera o pequenino para junto do seu regaço, beijando-o com indefinível ternura, enquanto o pai, exultante, afagava suas faces rosadas como se estivesse acarinhando um anjo.

Em seguida, Charles, outrora Gérard e Caroline, ex-Anne, entreolharam-se, comovidos, visitados por inesperada saudade de Pierre, cujos olhinhos negros e penetrantes de Victor, sutilmente, os fizera recordar.

Assim, Victor, ex-Pierre, outrora Alain, retornava aos palcos do mundo, recepcionado pelos braços aveludados do perdão, não mais como o frio algoz de um passado distante, mas sim como alma carente de amor, consciente dos seus deslizes de antanho, sinceramente motivada a evoluir, caminhando em direção aos complacentes braços de Jesus!

capítulo 8

Naqueles tempos, na França, como em outros países, a Inquisição Católica ou Santo Ofício - denominação dada a um tribunal eclesiástico - também havia fixado suas raízes, cujas ramificações estendiam-se, insidiosamente, por inúmeras regiões, levando o temor, o sofrimento e a morte a quem ousasse desafiá-la ou, até mesmo, negligenciasse quanto aos seus postulados.

Este infame tribunal, instituído despoticamente pela Igreja Católica Romana, tivera por cruel objetivo investigar, perseguir, prender, interrogar, julgar, supliciar e condenar as criaturas que passaram a ser denominadas de hereges, assim chamadas por professarem princípios religiosos não compatíveis com aqueles adotados pela Igreja Católica. Por esta razão, todos aqueles que se rebelassem contra os seus fundamentos, ou mesmo fizessem qualquer tipo de crítica à Igreja de Roma, assim passavam a ser estigmatizados.

Os inquisidores, devidamente autorizados e acobertados pelo poder irrestrito do Clero, em nome de Deus e de Jesus, o Sublime Peregrino da Paz e do Amor, promoviam a barbárie, impondo suas regras absurdas, seu insano poder, levando a tristeza e a desgraça a um sem-número de famílias, estabelecendo o império do terror, do suplício e da morte, deixando inapagável rastro de sangue por onde transitassem.

As criaturas viam-se obrigadas a manter-se restritas aos conceitos injustos e tendenciosos que o poder papal da época estabelecera em benefício próprio, usurpando dos cidadãos a liberdade de culto, eliminando, sumariamente, aqueles que lhes desrespeitassem as regras, não compactuando com as suas imposições.

Os suplícios, inenarráveis, que os inquisidores impingiam aos infelizes prisioneiros, afim de obter-lhes, por vezes, infundadas confissões, caso não se retratassem, eram enviados à forca, ao afogamento, à fogueira..., foram, muitas vezes, os responsáveis pelas mortes prematuras que sobrevinham, tal a crueldade, frequência e frieza com que eram aplicados.

Desta forma desumana, os cidadãos viam-se à mercê do despotismo clerical, que se outorgava o deplorável direito de atraiçoar, perseguir, humilhar e matar, em nome de Deus, todo bondade e amor, e de Jesus, Seu doce emissário.

Qualquer informação descaridosa, falsa até, em relação a quem quer que fosse, que viesse ao conhecimento dos inquisidores, era suficiente para que perseguissem, impiedosamente, o acusado, até que conseguissem, não importando o meio que utilizassem, subjugá-lo aos seus abomináveis propósitos.

O poder papal da época, com suas imposições tendenciosas, insuflava os seus comandados a tomarem medidas descabidas, estendendo seus tentáculos impiedosos a inumeráveis regiões, aterrorizando, supliciando, matando aqueles infelizes, alcunhados de hereges.

Confiscavam-lhes, arbitrariamente, os bens materiais, destruindo econômica e moralmente suas famílias.

Assim, a Igreja Romana enriquecera-se, bem como seus tutelados, à custa dos bens alheios de que, injusta e impiedosamente, se apropriaram.

Famílias inteiras, de um dia para o outro, viam-se na mais humilhante das misérias, pois seus mantenedores, sem comiseração, levados a julgamento, eram, em grande número de vezes, sentenciados à morte, e seus bens, confiscados, sem que nada tivessem transgredido, simplesmente por terem recebido a alcunha, verdadeira ou falsa, de herege, de acordo com os interesses do poder eclesiástico vigente.

Estas atitudes malsãs e despóticas, ao contrário do que o poder papal esperava, acabaram por fazer com que as criaturas, ainda ignorantes dos reais valores espirituais, fossem, pouco a pouco, se distanciando do terno aconchego de Jesus, pois, em seu nome e do Supremo Criador, os inquisidores e seus asseclas cometiam as maiores perversidades, deixando, na esteira do tempo, rastros de crueldade e de incontestável desamor.

Enquanto as nuvens alvas voejavam, suavemente, enfeitando os ares, tendo como pano de fundo o azul-celeste do firmamento, deslumbrando o mais crítico dos observadores, o solo da França se encontrava manchado pelo sangue dos injustiçados hereges, denunciando a época hostil e apavorante que os seus cidadãos eram forçados a vivenciar.

Os inquisidores e seus cúmplices encontravam-se presentes em inumeráveis locais, dos mais pobres aos mais abastados, ávidos por colherem informações que os conduzissem para onde se encontravam os hereges, independentemente dos valores morais, culturais e sociais que estes possuíam, abraçados pela penúria ou pela riqueza; nada lhes arrefecia o cruento ânimo.

Mantinham-se dissimulados, quais víboras traiçoeiras, na espreita, aguardando tão somente um descuido de quem quer que fosse, para, oportunamente, dar o bote, inoculando o seu veneno, vitimando a criatura, tornando-a prisioneira do Santo Ofício, satisfazendo assim seus egos, desfigurados pela cobiça, pela frigidez e pela crueldade.

As paredes pareciam ter ouvidos. As delações ocorriam, incontáveis, enquanto o delator, totalmente descompromissado com o que dissera, nada deveria comprovar, simplesmente, denunciar.

A liberdade de pensamento encontrava-se enclausurada, pois o Clero a mantinha sob o seu temido jugo.

Os cidadãos, bafejados pela riqueza, eram aqueles para os quais os inquisidores, principalmente, destinavam seus olhares, na expectativa de surpreendê-los em heresia, para, oportunamente, prendê-los, enviando-os para o calabouço a fim de serem julgados, enquanto lhes confiscavam os bens, destruindo os seus futuros e os dos seus queridos.

Os suspeitos, a princípio, eram aprisionados e, posteriormente, conduzidos a julgamento e não raro, antes supliciados ao extremo, até que viessem a confessar, na visão distorcida do Clero, sua "culpa", assumindo-se, mesmo sem sê-los, como hereges. Caso não se retratassem, vindo professar a fé católica, eram executados, sem compaixão.

Mesmo retratando-se, ficava a critério dos inquisidores o poder da vida ou da morte do prisioneiro, de acordo com os seus escusos interesses.

Seus bens materiais, de qualquer forma, eram confiscados e seus familiares, empobrecidos. Muitos deles terminavam seus dias enfermos e, não raro, enlouquecidos.

De todos os suplícios que o Santo Ofício impunha aos seus condenados, a queima dos seus corpos, ainda vivos, por meio da chamada "Fogueira Santa", fora aquele que mais caracterizara a impiedade, sem limites, dos famigerados e temidos inquisidores.

Por meio de impressos afixados em pontos estratégicos de determinada localidade, o Santo Ofício informava o dia e a hora em que os hereges haveriam de ser queimados vivos, em praça pública, convocando os seus habitantes para assistir às cenas cruéis que ali haveriam de se desenrolar e que, inescrupulosamente, denominavam de Auto de Fé.

No momento aprazado, em meio à praça pública, num mastro de ferro fincado ao solo, circundado por feixes de lenho, facilmente inflamáveis, cuja altura era determinada pelos especialistas neste gênero de martírio, o herege era fortemente amarrado, à espera da horrível morte.

Antes de a fogueira ser acesa, o inquisidor, devidamente paramentado, tendo a cruz do Cristo impressa em sua vestimenta ou, tendo-a na mão, após a leitura condenatória, quando, em poucas palavras, expunha as razões pelas quais o condenado haveria de ser supliciado e morto, dava ordem ao carrasco para que ateasse fogo ao madeiro.

As labaredas surgiam, rápidas, incontroláveis, queimando as carnes do infeliz prisioneiro, fazendo-o experienciar dores e aflições, inimagináveis, incitando-o a desejar que a morte, o mais rapidamente possível, o viesse enlaçar, poupando-o daquele pungente martírio.

Inalando a fumaça tóxica e quente, resultante da combustão da madeira, o pobre coitado percebia-se envenenar, sentindo suas carnes sendo queimadas, o mesmo acontecendo com suas entranhas, fazendo-o, não raro, desfalecer, antes mesmo que a vida se esvaísse por completo, livrando-se, assim, prematuramente, do martírio que haveria de passar até que as chamas o devorassem, provocando, definitivamente, a sua morte.

Terminado o horrendo espetáculo, cabisbaixos, os ardilosos inquisidores, exibindo falsa atitude de modéstia e respeito para com o recém-desencarnado, retiravam-se, a passos lentos, dos sinistros locais, procurando demonstrar à turba que assistira às tristes e descaridosas cenas, que estavam compadecidos com o suplício que houvera sido imposto ao infeliz condenado, quando, na verdade, destituídos do nobre sentimento de compaixão, regozijavam-se com a sua morte, ávidos por lhes confiscarem os bens.

Para o Clero da época, estas indescritíveis carnificinas tinham por objetivo atemorizar a população, mantendo-a submissa aos seus interesses, cerceando-lhe a liberdade de culto, algemando-a aos seus preceitos, escudando-se no Pai da Vida e em Jesus, para praticar as mais abomináveis atrocidades, autoconferindo-se poderes sobre a vida e sobre a morte, que os inquisidores seguiam à risca, com a mais frígida impiedade.

Caro leitor:

Contando com a sua generosa avaliação, procuramos, palidamente, ilustrar as cenas grotescas que se desenrolavam, em tempos idos, na romântica e bela França, quando o Santo Ofício ali também se fizera presente, espargindo sua tirania, estabelecendo seu reinado de terror e de morte.

Ao refletirmos um pouco mais profundamente sobre estas tristes ocorrências, chegaremos à cristalina conclusão de que o Clero, por meio das suas atitudes radicais e desumanas, acabara por fazer com que as criaturas, temerosas e desiludidas, fossem distanciando-se do Cristo Jesus, pois, inescrupulosa e perversamente, em seu bendito nome, os inquisidores cometiam as maiores barbáries, ceifando vidas, ensanguentando o chão por onde os seus pés transitavam.

Assim, por séculos, enquanto a Inquisição imperara, estendendo sem compaixão seu implacável poder ferino, em vários países, incontáveis seres humanos, decepcionados com a Igreja Católica, se apartaram do Divino Salvador, profundamente desiludidos com as crudelíssimas atitudes e injustiças que o Clero impunemente praticava, tendo por escudo o nome do todo ternura e amor, Jesus!

Naquela época, como também ocorrera com os cristãos em priscas eras, quando estes, aprisionados nas arenas infamantes, eram oferecidos como repastos vivos para as feras famintas, inumeráveis mensageiros de luz também se encontravam presentes, naqueles locais de inenarráveis suplícios, auxiliando os Espíritos dos recém-desencarnados, conduzindo-os em direção aos pronto-socorros do espaço, a fim de receberem o fraternal amparo.

Todavia, os Espíritos que ainda conservavam na intimidade dos seus seres sentimentos de ódio, revolta, vingança..., para com os seus inimigos, não conseguiam desvencilhar-se dos seus corpos carnais, já sem vida, a eles permanecendo imantados, sentindo-lhes as amarguras indescritíveis que, há pouco, quando ainda vivos, foram compelidos a experienciar.

Assim, enquanto alguns Espíritos, resignados, eram conduzidos para colônias de refazimento para receber suas benesses, outros, em sua maioria, ainda enredados por sentimentos malsãos, apesar da ajuda espiritual recebida, permaneciam jungidos aos seus cadáveres, sofrendo, como se vivos estivessem.

capítulo 9

Os anos foram deslizando pelas veredas do tempo.

Victor, um belo menino, com 5 anos de idade, era o centro das atenções de Charles e Caroline, alegrando com sua infantil ingenuidade os corações daqueles que lhe compartilhavam a doce companhia.

Numa bela manhã de outono, quando a jovem família desfrutava o seu costumeiro e variado desjejum, Martine, educadamente, adentrara o recinto, entregando um refinado envelope para Charles que, após agradecê-la, passara a ler, em voz alta, o seu conteúdo.

Tratava-se de um irrecusável convite, para que o jovem casal viesse prestigiar a recepção que Vincent, rico e afamado comerciante, iria oferecer à alta sociedade da capital, nas dependências da sua elegante e luxuosa residência.

Assim, numa agradável e estrelada noite de sábado, Charles e Caroline, atendendo ao honroso convite, para a mansão se dirigiram.

O requinte dos seus interiores poderia ser notado não só pela visão, como também pelo olfato, pois os perfumes de diferentes fragrâncias singravam os ares, preenchendo os espaços, inebriando os convivas.

As damas, com os seus vistosos e delicados vestidos, criados por afamados costureiros, algumas delas portando nas mãos sofisticados e coloridos leques, adornadas por exuberantes joias, desfilavam com elegância e distinção, espargindo graciosos sorrisos e comedida alegria, enfeitando os suntuosos salões.

Os cavalheiros, por sua vez, elegantemente trajados, observavam-nas, extasiados e cobiçosos, deleitando-se com o encantador visual que se descortinava diante dos seus olhos.

Os serviçais, atentos e educados, ofereciam em refinadas taças de cristal finas bebidas, o mesmo acontecendo com as variadas iguarias, caprichosamente preparadas para o desfrute dos convidados.

Após o banquete, que fora servido com todo o requinte, os convivas, reunidos em grupos afins, entretecendo os mais variados diálogos, deixaram o sofisticado local, acomodando-se em confortáveis poltronas, nos diversos ambientes da mansão.

Numa aconchegante sala, contígua ao grande salão de recepções, reuniram-se Vincent e Luiza, o casal de anfitriões, Charles e Caroline, René e Juliete, bem como mais alguns outros pares, mantendo animada e descontraída conversação.

Vincent, inescrupuloso e sagaz homem de negócios, muito rico e influente, há tempos, sabia-se observado pelos olhos vivazes dos representantes do Santo Ofício, cobiçosos da sua fortuna.

Por esta razão, astuto e precavido, aliara-se ao Clero, mancomunando-se as suas desumanas arbitrariedades, tornando-se seu ardiloso e dissimulado informante, delatando, impiedosa e indiscriminadamente, aos implacáveis inquisidores, os cidadãos, quaisquer que fossem, que julgasse ou constatasse como sendo hereges.

Caro leitor:

Charles, tendo-se apartado do Orai e Vigiai que o Cristo Jesus, amorosamente, nos legara, vinha, há algum tempo, deixando-se dominar pelo uso de alcoólicos, desagradando, profundamente, sua esposa Caroline.

A princípio o fazia socialmente, todavia, aos poucos passara a utilizá-los com preocupante frequência, propiciando a aproximação de inconsequentes e viciosas companhias espirituais que passaram a influenciar-lhe a conduta, fazendo-o, gradativamente, enveredar pelas estradas do personalismo egoísta que sua alma, ainda, guardava resquícios.

Durante os diálogos que se estendiam naquele grupo de casais, Charles, estimulado pelos vapores alcoólicos que havia ingerido, passara a expor, a princípio discretamente, sua não concordância para com algumas medidas que o Santo Ofício vinha tomando em relação a cidadãos que julgava dignos de todo o respeito e consideração.

Caroline, preocupada com a repercussão que tais comentários poderiam suscitar, pois as paredes pareciam ter ouvidos, destinara ao esposo inequívoco olhar de repreensão, na tentativa de dissuadi-lo de continuar com o seu inoportuno e arriscado discurso.

Porém, envolvido pela coragem efêmera e estouvada daqueles que abusam dos prazeres enganosos dos álcoolicos, Charles, apesar de ter notado o olhar de desaprovação que a esposa lhe endereçara, altivo, deixando-se enredar pelo orgulho que a bebida o fazia extravasar, não o levara em consideração, dando continuidade à sua fala, expondo-se, insensata e imprudentemente, perante os casais que, atentos e, de certa forma, surpresos, ouviam suas arriscadas colocações.

O astuto anfitrião, direcionando a Charles perguntas capciosas, acabara dele colhendo respostas que claramente o comprometiam perante o Clero. Assim, a partir daqueles momentos, sem que soubesse, tornara-se refém daquele homem calculista e perverso.

Caroline, ao longo da conversação, sentira seu coração bater descompassado, repentinamente entristecido, a ponto de fazê-la pressagiar dolorosos infortúnios para o amanhã da sua vida e dos seus queridos.

As horas deslizavam, impassíveis, na ampulheta do tempo e já passava do meio da noite quando Charles e Caroline se despediram dos anfitriões, rumando para a sua residência.

Durante todo o percurso de retorno ao lar, a jovem Caroline mantivera-se no mais absoluto silêncio, cativa da tristeza que, sem piedade, viera fazer-lhe incomoda companhia.

Já em seus íntimos aposentos, quando o casal se preparava para deitar, Charles, mais sóbrio, porém ainda exalando os vapores nauseantes do vinho, indagara à esposa qual seria o motivo do seu inabitual e desagradável mutismo.

Caroline, sentindo que o esposo não se encontrava em condições para compreender e refletir sobre as razões da sua atitude, nada lhe respondera, tão somente beijara-lhe carinhosamente a face, deitando-se, em seguida, aguardando que o sono viesse abraçá-la, fazendo-a esquecer os maus presságios que, descaridosos, a vieram perturbar.

Na manhã seguinte, ao ser despertada pelo abraço e pelo beijo ternurosos de Victor, lágrimas abundantes vieram visitar os lindos olhos verdes da jovem mãe, deslizando pelas suas faces empalidecidas, delatando as tristezas que passaram a açoitar a sua alma sensível.

Charles, também desperto, notando o abatimento e a tristeza que se apossavam da esposa, indagara-lhe o que havia acontecido.

Nesse exato instante, Martine batera na porta do quarto, pois pretendia, como habitualmente fazia, levar o pequeno Victor para tomar o café da manhã e em seguida conduzi-lo ao jardim para que pudesse correr, brincar, enfim, distrair-se, enquanto Charles e Caroline desfrutavam o desjejum que, como sempre, esmeradamente, preparara.

Caroline, a sós com o marido, demonstrando a noite mal dormida, expusera-lhe seus pensamentos, deixando transparecer os receios que, desapiedados, passaram a lhe importunar.

Charles sentira o forte impacto das lúcidas ponderações da esposa, todavia, não querendo entristecê-la ainda mais, tentara de forma otimista apagar os pensamentos malsãos que vieram povoar a sua mente.

Entretanto, mesmo recebendo de Caroline um sorriso como retribuição ao esforço que dispendera para consolá-la, seus argumentos não conseguiram penetrar-lhe o coração, tornando-se, ele também, prisioneiro da melancolia e justo temor.

Os dias percorriam, naturalmente, as estradas do tempo.

Charles e Caroline, René e Juliete acabaram por se tornar verdadeiros amigos, alicerçados na sinceridade dos seus sentimentos.

Todas as manhãs de domingo, por volta das dez horas, os jovens casais dirigiam-se à igreja de Saint Etienne para assistir à missa que, por vezes, era ministrada pelo padre Simon, que, veladamente, prestava seus préstimos ao Clero, sendo um dos frígidos colaboradores do Santo Ofício.

Austero e sisudo, extremamente crítico nas suas preleções, comumente utilizava-se de palavras ásperas para expor os seus pensamentos que, não raro, soavam aos ouvidos dos fiéis como sendo chicotadas a abater-lhes o ânimo, debilitando-lhes a própria fé, tal a veemência radical que envolvia a sua fala.

Sua voz metálica, altissonante, acompanhada pelo seu olhar perspicaz e pelos seus gestos bruscos e intimidadores, acabavam por despertar nos ouvintes um certo temor, induzindo-os a permanecer fiéis aos postulados clericais que externava.

Suas faces, comumente, tornavam-se congestas, expondo as sensações que lhe percorriam a alma, delatando sua incompreensão enfermiça para com os deslizes humanos, censurando-lhes a conduta, enaltecendo-lhes as fraquezas, humilhando-os, sem compaixão, quando, na verdade, era ele quem deveria ser recriminado pela sua conduta reprovável, descaridosa, anticristã.

Quando dialogava com os seus paroquianos, não conseguia dissimular a arrogância que o caracterizava, procurando sempre impor os seus tendenciosos pontos de vista, deturpados pelo seu personalismo contumaz.

Assim agindo, fora semeando o temor junto aos fiéis, afastando-os, pouco a pouco, da Igreja, pois, ao expor os seus pensamentos radicais e opressivos, desfigurava os ensinamentos amorosos do Cristo Jesus, moldando-os aos torpes interesses do poder eclesiástico reinante na época, e que as criaturas, no silêncio íntimo das suas almas, só faziam repudiar.

Na ocasião de uma de suas inflamadas preleções, quando Charles, Caroline, René e Juliete, como sempre, estavam presentes, o pároco, visivelmente incomodado, de súbito empalidecera, ao mesmo tempo que um suor incomum e inoportuno passara-lhe a escorrer pela fronte.

Em pé, diante do altar, era notório o desconforto físico que, repentinamente, o viera acossar. Instantes após, não resistindo ao mal-estar que o enlaçara de vez, seu corpo tombara ao chão, desfalecido.

Imediatamente, alguns paroquianos se propuseram a acudi-lo, entre eles, René, que se apressara a prestar-lhe os primeiros socorros. Logo após, ajudado pelos demais, levara o corpo molesto do padre para a sacristia, onde, pouco a pouco, fora recobrando os sentidos.

Tão logo Simon recuperara a consciência, o médico, calma e atenciosamente, lhe explicara o ocorrido, recomendando-lhe medicação específica e repouso para que o seu corpo viesse, o mais breve, harmonizar-se, recobrando a saúde.

Ainda abatido, a passos lentos, acompanhado por outros dois sacerdotes, recolhera-se aos seus aposentos para o desfrute do necessário descanso.

Na segunda-feira pela manhã, antes de encaminhar-se para o hospital, René, atencioso e responsável, fora até a igreja a fim de visitar o padre e saber do seu estado de saúde.

O pároco, praticamente, já se encontrava restabelecido, a ponto de entabular agradável conversação com o médico, o que não era do seu feitio.

Em seguida, René, hábil e educadamente, passara a expor-lhe, com incontenti segurança, o diagnóstico a que chegara, informando ao sacerdote que o mal-estar que o acometera tivera como causa principal as fortes emoções que experimentara durante a sua última preleção e que acabaram por exceder os limites da sua resistência física, culminando com o seu desmaio.

Em vista do ocorrido, aconselhara-o a procurar suavizar os seus discursos, evitando que sensações mais fortes o viessem incomodar, podendo causar-lhe, novamente, desagradável mal-estar, comprometendo, inclusive, o seu próprio amanhã.

Simon simpatizara com o jovem médico, não só devido à firmeza e coerência dos seus aconselhamentos como também pela fraternal e espontânea atenção que lhe dispensara.

Todavia, ainda guardando na intimidade d'alma desmedida soberbia, esboçando tão só um desdenhoso sorriso, agradecera o médico, liberando-o para que pudesse destinar-se aos seus habituais afazeres junto aos seus pacientes.

Alguns dias depois da requintada recepção que Vincent e sua esposa promoveram em sua luxuosa residência, eis que o abastado negociante fora visitar o padre Simon.

Como sempre, o sacerdote o acolhera com simpatia e alegria, ávido por notícias.

Acomodados em pequena e aconchegante saleta, bem ao lado da sacristia, passaram a dialogar, intercalando, entre uma fala e outra, um gole de fino vinho, servido em rebuscadas taças de cristal.

Após alguns minutos de descontraída conversação, Vincent, astuto, dando um tom mais grave às suas feições, pedindo ao padre o seu mais absoluto sigilo, passara a relatar-lhe, em detalhes, o diálogo que mantivera com Charles durante a recepção que oferecera em sua residência, atitude velhaca que findara por comprometer o jovem fidalgo, perante os postulados do insensível Santo Ofício.

Em sua covarde e maldosa narração, Vincent acabara também por enredar Juliete nas malhas poderosas da Inquisição, pois informara ao padre que a jovem esposa de René, na ocasião, demonstrara, veladamente, compactuar com os princípios que Charles abraçava.

Surpreendido com o que Vincent lhe expusera, o padre Simon, com o propósito de eliminar qualquer dúvida a respeito da veracidade do que ouvira do traiçoeiro informante, crivara-o de perguntas, pertinentes e capciosas, ao final das quais tivera a certeza de que as informações eram verídicas, confiáveis.

Depois de mais alguns minutos de diálogo, o sacerdote, comprometendo-se a manter absoluto sigilo a respeito do informante, agradecera Vincent pelo relato, afirmando ao cruel delator que iria, imediatamente, tomar as providências necessárias para que, no devido tempo, os culpados pela heresia viessem a receber a devida e severa punição. Em seguida, cordialmente, se despediram.

Na manhã seguinte, na dita saleta da Basílica de Saint Etienne, estavam reunidos os padres Simon, Ives e Maurice, dialogando a respeito das últimas informações que, no dia anterior, Vincent trouxera à baila.

Ives e Maurice, perversos inquisidores, ao tomarem conhecimento do fato que o padre Simon lhes relatara, teatralmente, foram dando aos seus semblantes um ar de grave seriedade, quando, na realidade, hipócritas, estavam intimamente satisfeitos, antevendo a oportunidade que se apresentava para aprisionar aqueles que, injustamente, estigmatizaram como hereges para, em seguida, confiscar-lhes os bens, em benefício da Igreja e de si próprios.

Terminado o descaridoso assunto, padre Simon encaminhara-se na direção de discreto armário, dali retirando uma garrafa de vinho e três taças, servindo-o e servindo-se, a seguir, celebrando aquele maligno momento, e tudo em nome de Jesus, o insuperável mensageiro da paz e do amor.

Em sua exposição, a princípio ainda sóbrio, o padre Simon abdicara de comentar aos inquisidores a respeito de Juliete, poupando-a, levando em consideração as atenções que René lhe dispensara, por ocasião do mal-estar que, dias atrás, o viera incomodar.

Porém, depois de haver ingerido excessiva quantidade de álcool, levemente entontecido, acabara por citar o nome de Juliete, envolvendo-a também no malfadado episódio.

Uma semana após esta sinistra reunião, Charles e Juliete receberam, em suas respectivas residências, correspondências específicas, tendo nelas impressa a cruz do Cristo, que indicava o Santo Ofício como sendo o emissor, convocando-os a comparecer, em data e horário marcados, a local indicado onde, sabiam, se encontrava sediado o Tribunal da Inquisição daquela região.

No dia aprazado, incontestavelmente tensos e apreensivos, Charles e Juliete se apresentaram àquele desagradável local, sendo, fria e imediatamente, conduzidos à presença dos inquisidores que, ansiosos, já os aguardavam, em isolada dependência da rústica edificação.

Naquele sombrio e hostil ambiente, encontravam-se presentes os inquisidores Ives e Maurice, que, rispidamente, cumprimentaram os indiciados, apontando-lhes os assentos onde deveriam acomodar-se.

Logo após, com voz grave e autoritária, o padre Maurice passara a relatar os motivos pelos quais Charles e Juliete foram para ali convocados a comparecer, ocultando, zelosos, quem fora o delator.

Terminado o insensato, arbitrário e breve pronunciamento, durante o qual não fora concedida a Charles e Juliete a mais ínfima chance de defesa, obrigados que foram a manter-se, durante todo o tempo, calados, tão só ouvindo as pérfidas acusações que lhes foram direcionadas, os inquisidores, alicerçados no seu cruel despotismo, destituídos da mais insignificante compaixão, ordenaram fossem os implicados, veramente estarrecidos e indefesos, para os infectos calabouços para, ali, aguardarem o definitivo julgamento.

Antes de serem conduzidos aos seus tristes destinos, os infelizes implicados ainda tentaram esboçar alguma defesa, entretanto, os perversos inquisidores fizeram ouvidos moucos aos seus desesperados apelos, não lhes concedendo a menor das atenções, como se surdos fossem.

Tão logo Caroline fora informada do infausto acontecimento, profunda prostração viera fazer-lhe desconfortável companhia, fazendo-a alienar-se do mundo, desertando das responsabilidades que lhe cabiam como mãe, até então, extremosa, deixando este nobre encargo para Martine, chegando ao ponto de não mais querer alimentar-se, colocando em risco a própria vida.

René, por sua vez, abaladíssimo, intentava raciocinar, refletir, buscando encontrar uma solução plausível para o desditoso evento, contudo, até então, sem êxito.

Assim, desesperado, não tendo mais a quem recorrer, ignorando que o padre Simon era um dos dissimulados inquisidores, dirigira-se ao seu encontro, na Igreja de Saint Etienne, guardando n'alma uma réstia de esperança em poder livrar a esposa do jugo da Inquisição, libertando-a, para que pudesse dar continuidade à vida.

O padre recebera o médico com todo o apreço e cordialidade, pois, no íntimo, sabia haver contribuído, decisivamente, para o aprisionamento da sua jovem esposa.

René, inquestionavelmente magro e abatido, com lágrimas nos olhos e emoção na voz, suplicara ao vigário para que, em nome de Jesus, intercedesse por Juliete, junto aos inquisidores, na tentativa de amainar-lhes os ânimos, rogando-lhes para que repensassem no seu veredicto, acabando por libertá-la.

O padre, surpreendido pelo remorso que o viera visitar, sentimento este que sua implacável soberbia não permitia que aflorasse da intimidade da sua alma, inacreditavelmente, comovera-se e dizendo levar em consideração a atenção que dias atrás o referido médico lhe dispensara, fazendo com que recobrasse a saúde, comprometera-se a atender as suas rogativas.

Minutos após, esperançoso, René se despedira, dirigindo-se aos seus afazeres profissionais.

Naquele mesmo dia, o padre Simon fora ao encontro de Ives e Maurice, relatando-lhes o ocorrido, salientando aos seus comparsas inquisidores, que em retribuição as atenções que recebera por parte do médico por ocasião do mal súbito que o viera acometer, dias atrás, sentira-se impelido a interceder em seu favor.

Os impiedosos representantes do Clero, como princípio, sempre arredios a qualquer pedido de clemência que lhes chegasse ao conhecimento, naquela oportunidade, tendo em conta a ascendência natural que o padre Simon mantinha sobre eles e levando em consideração o fato do vigário já lhes haver delatado inúmeros hereges, e que, muitos outros, per certo, ainda haveria de denunciar, para gáudio da sua insaciável perversidade, Ives e Maurice entreolhando-se, pedindo mútua aprovação; enfim, predisporam-se a estudar o assunto.

Dias depois, quando a noite fria cobria com o seu manto cravejado de estrelas faiscantes a bela Paris, Juliete, deprimida e fraca, fora, às ocultas, conduzida para a sua moradia.

René, que ansioso a aguardava, pois recebera do próprio padre Simon a alvissareira notícia, recepcionara a esposa com transbordante alegria, presenteando-a com ternuroso abraço, impossível de ser aquilatado quanto ao profundo valor sentimental que encerrava, concretizando-se assim o feliz reencontro entre René e Juliete, colocando um ponto final naquele tormentoso e sofrido episódio por que passaram.

capítulo 10

Durante os três meses que se seguiram após a sua inesperada e descabida prisão, Charles fora mal alimentado, emagrecendo a olhos vistos, demonstrando que as suas forças esvaíam-se e, com elas, as suas esperanças de liberdade, impelindo-o a prever, para si, um próximo e doloroso futuro.

Numa chuvosa manhã, Charles, no seu úmido e penumbroso cativeiro, fora comunicado pelo hostil carcereiro de que, no dia seguinte, haveria de ser submetido a julgamento pelo crime de heresia, na presença dos temidos representantes do Santo Ofício.

Assim ocorrera. Sem prerrogativas de qualquer espécie, Charles fora declarado culpado e sumariamente sentenciado à morte, tendo como instrumento de suplício a terrível "Fogueira Santa".

Porém, na manhã seguinte ao arbitrário julgamento, o jovem fidalgo fora encontrado sem vida, no seu infecto calabouço.

Durante a noite, imaginando sem tréguas o desenrolar das cenas de martírio que haveria de vivenciar, veramente depauperado, física e psicologicamente, acabara sendo atingido por fulminante ataque cardíaco que, implacável, roubara-lhe a vida.

Caro leitor:

Em pátio isolado, situado no interior da austera edificação, onde funcionava o Tribunal da Inquisição, entre outros instrumentos de tortura e de morte, havia também uma estaca de ferro fincada no chão, onde alguns poucos hereges eram ali excepcionalmente sacrificados, queimados vivos, sem que a turba fosse convidada a assistir o cruel evento.

Nestes casos específicos, os inquisidores não possuindo provas cabais que incriminassem, claramente, os condenados, perante as normas da Igreja, temerosos de que o populacho pudesse enfurecer-se, revoltando-se contra as arbitrariedades praticadas, por precaução, sacrificavam o infeliz, sem plateia, nos bastidores daquela sinistra instituição.

Nessas ocasiões, somente os inquisidores e o carrasco indicado ali se encontravam presentes.

Desta forma, Ives e Maurice pretendiam agir em relação a Charles, porém, sua morte inesperada poupara-lhes o trabalho.

Oportunamente e as ocultas, os três inquisidores apoderaram-se de alguns bens pessoais do falecido, como moedas, joias, pinturas, objetos de arte, somente cedendo ao Clero os bens imóveis da família.

Vincent, há tempos, nutria atração quase que doentia por Caroline, que não saía dos seus pensamentos, refertos de cobiça e sensualidade.

Com certa constância, via-se imaginando planos para conquistá-la, entretanto, a postura sempre digna de Caroline não lhe permitia a menor chance de aproximação, fazendo-o desertar do seu malsão intento.

Imediatamente após o padre Simon ter-lhe informado a respeito da morte de Charles, Vincent apressara-se em ir ter com a pobre viúva, para comunicá-la sobre o triste desfecho e, principalmente, para vê-la, ofertando-lhe suas fingidas condolências, quando na verdade nada sentia, pois fora ele quem dera o primeiro passo para que toda aquela desgraça se abatesse sobre a nobre família.

Após ter sido educadamente recebido por Martine, esta o acompanhou até a presença de Caroline que se encontrava, inquestionavelmente, depauperada, como que alienada do mundo que a rodeava.

Depois dos costumeiros cumprimentos, Vincent, falso, astuto, colocando na voz um timbre lamurioso, lhe dera a triste notícia.

Caroline, em sepulcral silêncio a recebera. Com os olhos desmesuradamente abertos e o semblante exteriorizando a dor pungente que lhe apunhalara a alma sensível, desmaiara, projetando-se ao chão, não resistindo ao impacto violento que o lutuoso comunicado lhe provocara.

Martine, pressurosa a acudira, chamando, aos gritos, o cocheiro da família, para que fosse, o mais rapidamente possível, em busca do Dr. René a fim de que viesse, urgentemente, socorrer a enferma.

Enquanto Martine, com desvelo, socorria sua ama, os olhares cobiçosos de Vincent recaíram sobre o rosto empalidecido de Caroline, percorrendo, maliciosamente, sua silhueta esguia e elegante, acabando por atiçar-lhe os instintos, fazendo com que recrudescesse o seu desejo, condenável, de possuí-la a qualquer custo.

Imoral, não dando o mínimo valor àquele triste momento e ao fato de ser um homem casado, entregara-se ao apelo dos sentidos, propondo-se, intimamente, tão logo a oportunidade surgisse, a colocar em prática o seu abominável plano de conquista, não se importando com os meios que haveria de se utilizar para concretizá-lo.

Minutos após ter recebido de Martine os primeiros socorros, Caroline recobrara os sentidos.

Perplexa, com os olhos fixos, as faces lívidas e as mãos gélidas, a pobre viúva acabava de delatar a profunda perturbação que a viera visitar.

Caroline era o retrato da dor que, impassível, viera em seu encalço, usurpando-lhe a felicidade, fazendo com que, a partir daqueles tristes momentos, pouco a pouco, fosse distanciando-se do mundo, desertando da vida.

Tão logo René se fizera anunciar, Martine, imediatamente, fora ao seu encontro, colocando-o a par do que houvera ocorrido com Charles e que motivara o mal súbito que acometera Caroline.

Veramente abalado, profundamente entristecido, não conseguira conter as emoções, deixando que as lágrimas aflorassem, umedecendo suas faces, denunciando a tristeza, inenarrável, que sua alma experimentava pela perda injusta e irreparável de seu grande amigo.

A custo, recompondo-se, encaminhara-se até onde se encontrava Caroline, a fim de prestar-lhe seu experiente concurso.

Após os habituais cumprimentos, Vincent, que até então ali permanecera, despediu-se, guardando no recôndito da alma o seu plano abominável.

Durante o diálogo que o médico passara a manter com Caroline, fora notando que a viúva em nenhum instante abordara o trespasse de Charles, esforçando-se para, a todo custo, distanciar-se da dura realidade, agindo como verdadeira autista.

Em alguns momentos, Caroline chegara a esboçar algum sorriso, o que contrastava com o triste episódio que vivenciava, fazendo René deduzir que um processo enfermiço, mais grave, se esgueirava, apoderando-se da jovem mãe.

Terminada a amena conversação, antes de se despedir, René, veramente preocupado com o estado de Caroline, fizera algumas recomendações à Martine, comprometendo-se a visitar a paciente logo após o jantar, fazendo-se acompanhar pela esposa Juliete, que, aos poucos, se restabelecia das dolorosas e injustas experiências que os representantes do Santo Ofício a fizeram passar. Assim ocorrera.

Com o passar dos dias, era notório que Caroline intercalava alguns poucos momentos de lucidez com inúmeros outros de completa alienação, quando o seu olhar, perdido no espaço, denunciava o torpor que havia se apoderado da sua alma, acabando por exaurir-lhe as forças físicas.

Todas as manhãs, sem exceção, René visitava sua paciente, prestando-lhe fraternal amparo médico, exteriorizando a sincera e despretensiosa amizade que devotava a Caroline e ao pequeno Victor.

Juliete, sempre que os seus afazeres domésticos o permitiam, prazerosamente, acompanhava o esposo.

Vincent, por sua vez, com incomoda e persistente frequência, passara a visitar Caroline, almejando, um dia, conseguir o seu deplorável intento.

Durante uma dessas ocasiões, enquanto dialogava com a viúva, Vincent, ousada e maliciosamente, segurara em suas mãos, esperançoso de que tal atitude pudesse não encontrar resistência por parte de Caroline.

Todavia, enganara-se completamente, pois a jovem viúva, desagradavelmente surpreendida pelo gesto tendencioso e inoportuno de Vincent, naquele momento, perfeitamente lúcida, recolhera bruscamente as suas mãos, fitando-o com enérgica recriminação, deixando transparecer todo o repúdio que, a partir daquele momento, passara a nutrir pelo intempestivo visitante.

Vincent, assim agindo, a decepcionara profundamente, pois, ingênua, Caroline até então o considerava como amigo, quando, na realidade, durante todo o tempo, astuciosamente, dela ocultara suas escusas intenções.

A partir daquele instante, recrudescera o estado de alienação de Caroline, a ponto de esquecer-se do próprio filho, cujos cuidados passaram a ser de responsabilidade total de Martine.

Vincent, teimosamente, por duas ou três vezes intentara ainda contatar Caroline, porém, em nenhuma delas conseguira êxito.

Extremamente orgulhoso, sentindo-se definitivamente desprezado, armazenara n'alma o fel da vingança que passara, pouco a pouco, a corroer-lhe as entranhas.

Apesar de todo o empenho de René, Caroline definhava, dia a dia, vindo a desencarnar dois anos após a morte de Charles.

Como os avós de Victor, bastante idosos, já haviam desencarnado, René e Juliete se transformaram, legalmente, em tutores do pequeno órfão, que, juntamente com Martine, passara a morar com o bondoso casal, adornando-lhes os dias com sua adorável e inocente presença.

O Santo Ofício havia se apoderado de todas as propriedade que pertenceram aos falecidos, Charles e Caroline, exceto a mansão que, enquanto viva, a viúva e seu filho residiram.

Todavia, após o desencarne de Caroline, o Clero, sem perda de tempo, literalmente, se apossara da referida propriedade.

Enquanto todos estes fatos ocorriam, Simon, Ives e Maurice, fiéis representantes da Inquisição, enchiamse de poderes, refestelando-se com finos repastos e bebidas caras e abundantes, tornando-se adeptos incansáveis do supérfluo, enriquecendo-se desonesta e desumanamente, apoderando-se da moeda alheia, a ponto de poderem comprar os seus próprios sonhos.

Suas mãos não se encontravam manchadas pelo sangue das suas vítimas, pois eram os carrascos quem por eles agiam, entretanto, suas almas...

Os anos foram deslizando, na ampulheta do tempo.

Numa fria manhã de domingo, quando René, Juliete e Victor, atentos, acompanhavam a preleção do padre Simon, que já demonstrava o fardo pesado dos anos vividos, este, ao endereçar seu cansado olhar para o menino Victor, que muito se parecia com o seu falecido pai, repentina e desagradavelmente, recordara-se de Charles, para cuja morte havia friamente colaborado.

Acossado pela inesperada e inabitual dor do remorso, Simon fora acometido de súbito mal- estar, caindo bruscamente ao chão, como se flecha invisível tivesse varado o seu coração, há tempos, enfermo.

René rapidamente acorrera em socorro do idoso padre, sendo, instintivamente, acompanhado por Victor e Juliete.

Simon, tendo a cabeça amparada pelas mãos do médico, direcionara o seu olhar para Victor, no mesmo instante em que lágrimas sinceras brotaram dos seus olhos cansados, exteriorizando a dor do remorso que, naqueles momentos, experienciava e que iria permanecer enclausurada em seu espírito, até que, numa próxima encarnação, viesse a reparar os desatinos que havia, impiedosamente, cometido.

Nesse exato momento, reunindo suas derradeiras energias, o padre segurara, entre as suas, as mãos do menino e, na intimidade da sua alma, combalida, silenciosamente, sem emitir uma só sílaba, lhe pedira perdão.

Em seguida, exaurido, fechara os olhos para o mundo da matéria, despedindo-se da vida, abrindo-os, entretanto, para uma outra obscura dimensão, onde haveria de permanecer sorvendo amarguras e sofrimentos, até que o Pai de Infinita Misericórdia viesse a conceder-lhe uma nova oportunidade reencarnatória, a fim de que pudesse ressarcir o seu delituoso passado.

Ives e Maurice, por sua vez, devido às crueldades que ao longo dos anos praticaram, sempre acobertados pelo poderes censuráveis que o Clero lhes concedera, acabaram por semear o ódio por onde passavam, suscitando nos cidadãos incontrolável sentimento de vingança.

Desconhecendo a implacável lei da Ação e Reação, os dois inquisidores, ao longo de suas maléficas gestões, movidos pela ganância irrefreada e pelo enriquecimento súbito e ilícito, prejudicando assim os polpudos cofres da Igreja, acabaram sendo denunciados à cúpula do Clero, que, sem compaixão, os fizera prender, mantendo-os reféns pelo resto de suas vidas, em infecto e lúgrube calabouço, até que a morte viesse ceifar as suas vidas, o que ocorrera, aproximadamente, um ano após as suas prisões.

Por sua vez, Vincent continuara desfrutando, desmesuradamente, os fugazes prazeres que a vida lhe proporcionava, olvidando-se das responsabilidades que havia assumido perante a esposa, enveredando pelos caminhos tortuosos do adultério, da devassidão, do fumo e do álcool, que acabaram por minar-lhe a saúde e as posses.

Enfermo, praticamente falido, acabara por desencarnar, sem amigos, desprezado, só, colhendo o fruto amargoso que havia semeado.

Luiza, a viúva, mesmo tendo, ao longo do tempo, claras evidências da infidelidade do marido e dos meios escusos de que se utilizava para enriquecer, em nenhum momento o questionara a respeito, deleitando-se tão somente com os prazeres que a moeda farta lhe possibilitava.

Ficando com apenas diminuto patrimônio, continuou, com incontestes dificuldades monetárias, sua caminhada pelas estradas da vida, entristecida e solitária, pelo resto dos seus dias.

Caro leitor:

Muito tempo depois, iremos encontrar reunidos no plano maior os Espíritos Charles, Caroline, Victor, René, Juliete, Martine, Simon, Ives, Maurice, Antoine, Clarice, Jean, Florence..., sinceramente comprometidos a retornar aos palcos do mundo físico, para darem continuidade às suas respectivas romagens, mutuamente envolvidos pelo aroma perfumoso da reparação, do perdão e da caridade, sem limites e, tudo, em nome do amor.

Movidos por estas nobres intenções, cada um daqueles Espíritos fora, de tempos em tempos, reencarnando, a fim de darem cumprimento às missões a que se compromissaram, quando no além ainda se encontravam.

BRASIL

Século XX

capítulo 11

Descansando o olhar por sobre rústica campina, onde o tímido verdor intentava embelezá-la, podia-se notar pequenas clareiras onde a terra desnudara-se, evidenciando a aridez que a caracterizava e a pobreza das suas entranhas.

A vegetação, descuidada, emergia em tufos diversos, esforçando-se, sem sucesso, para enfeitar aquelas paragens, delatando a carência de mãos humanas que poderiam lhe presentear com a harmonia das espécies e os matizes diversos das flores do campo.

Ao sopé de pequena encosta, rodeada pela terra seca e desnutrida, pobre choupana era o refúgio das tristezas e, ao mesmo tempo, morada de paupérrima família, deserdada pela felicidade.

A intimidade de suas acomodações não contrastava com sua aparência externa, denunciando a pobreza, inquestionável, dos seus moradores.

O casal, Marta e João, e seus três filhos, Fábio, José e Leonardo, compunham humílima família, cujos corpos e vestimentas traduziam as cruéis dificuldades que lhes acompanhavam os passos, dia após dia, ano após ano, como se fossem ervas-daninhas a sugar-lhes as poucas energias que a alimentação sofrível e insuficiente lhes ofertava.

Enquanto Marta se encontrava diante do fogão à lenha, preparando pobre almoço para aqueles que eram a razão do seu viver, João, desalentado, preso momentaneamente ao leito, acometido de forte crise reumática, sentia-se impossibilitado para cuidar da terra e para colaborar com a esposa, que, a duras penas, se desdobrava para corresponder com as responsabilidades que lhe pesavam sobre os ombros enfraquecidos.

Marta, por meio do rosto ressequido e enrugado e das mãos encarquilhadas, demonstrava as consequências da dura faina que, teimosamente, a perseguia, sem tréguas, impedindo-a de sonhar com um melhor porvir, para si e para os seus amados.

Inquebrantáveis, porém, eram a sua coragem e o seu destemor, que a impeliam ao trabalho rotineiro e estafante.

A cada nova manhã, após sua costumeira oração, como se haurisse do próprio Cristo novas forças, dava continuidade à sua heroica luta, enfeitando seu rosto judiado com a alegria própria daquelas criaturas que vieram ao mundo para dar, sem nada esperar receber.

O sorriso, as atenções e o carinho com que presenteava os seus queridos tornavam menos áspero o chão dos seus caminhos, aliviando as suas agruras, fazendo-os desfrutar alguns poucos momentos de contentamento, já que a felicidade os havia abandonado.

Acomodadas em tosco leito, enfileiradas, três criaturinhas ali se encontravam, à mercê de mãos caridosas que as amparassem, auxiliando-as a viver, subsistir.

Estes seres humanos, indefesos, quais bonecos de pano, com os bracinhos e pernas inertes, como se estivessem amarrados por cordas invisíveis, mantendo apenas lentos movimentos com as cabecinhas, onde olhinhos vivazes, negros como a noite, intentavam adornar seus rostinhos descarnados, compunham um quadro tétrico, cujo coração mais insensível haveria de condoer-se, tal o impacto que a indescritível cena, por certo, lhe causaria.

Grunhidos intermitentes, ferindo os ares, traduzindo fome, frio, solidão, dor, alegria..., eram a única forma pela qual conseguiam comunicar-se com o mundo que lhes houvera sido impiedoso algoz.

Marta, tal a sensibilidade de mãe extremosa, captava por meio dos ouvidos da alma, o que cada um queria lhe dizer e, pressurosa, plena de amor, se aproximava de quem lhe havia chamado, cobrindo-o de beijos e carinhos, livrando-o do incômodo que, naquele momento, o acossava.

Todas as vezes que suas mãos ásperas, que a dura lida diária lhe deixara como herança, acarinhava as faces dos seus queridos, aquelas sofridas criaturinhas sentiam-nas, quais fossem, pétalas aveludadas de flores diversas acariciando suas almas, incutindo-lhes novo ânimo para prosseguir na difícil romagem presente e que, gradativamente, se delineava ainda mais austera para o futuro.

A alegria era tanta que, por vezes, num esforço supremo, tentavam levantar seus bracinhos atrofiados, para retribuirem o gesto, o mimo, que acabavam de receber, mas, em vão, não conseguiam o seu intento.

Marta, entretanto, os recebia por meio da intimidade do seu coração bondoso e sensível de mãe.

Nessas ocasiões, João, que a tudo observava, valorizava o anjo em forma de esposa e de mãe que o céu lhe brindara, tornando menos sofrido o dia a dia da sua miserável existência.

Seus olhos, embaçados pelos anos vividos, por vezes não conseguiam impedir as lágrimas que brotavam do íntimo do seu ser, banhando as suas faces maltratadas, denunciando os nobres sentimentos que emolduravam o seu, já cansado, coração.

Assim, transcorriam as extenuantes jornadas de trabalho, desenhando o calvário daquelas criaturas que traziam nos corpos e nos semblantes, as marcas da pobreza e dos infortúnios e, nas mentes escaldantes, inenarráveis desesperanças, quais fossem feridas abertas, por algumas delas provocadas, por meio das ações condenáveis que praticaram em anterior encarnação, quando causaram sofrimentos inimagináveis a seres humanos inocentes que, com elas, transitaram pelas calçadas do mundo.

Desta forma, por meio da miserável vivência atual, Marta sublimava-se, enquanto os seus queridos reparavam as faltas cometidas outrora, intentando conseguir a alforria para as suas almas, conquistando, em definitivo, a paz.

À noitinha, Marta preparara minguado caldo quente que, como sempre, fizera com muito carinho e que haveria de, insuficientemente, nutrir os seus amados.

Em seguida, servira-o a João, encaminhando-se, logo após, em direção aos seus três pequenos para ofertar-lhes o pobre alimento, desconhecendo que amigos espirituais, amorosamente, haveriam de enriquecê-lo, para que aqueles sofridos seres humanos pudessem dar continuidade às suas caminhadas pelas duras estradas da vida.

Terminado o que, caridosamente, chamaremos de jantar, Marta recebera daquelas criaturinhas combalidas, como prêmio ao seu inquestionável desvelo, olhares que traduziam indescritível contentamento e gratidão.

Ao mesmo tempo, tentaram esboçar alguns sorrisos, que não passaram de desagradáveis esgares que, no entanto, foram suficientes para preencher de alegria o coração daquela mãezinha, açoitada pelas vicissitudes, porém, trazendo nas entranhas da sua alma o perfume inebriante do amor em sua mais singela expressão.

Lágrimas deslizaram pelas faces ressequidas de Marta, delatando a tristeza que estava represada em seu humilde coração, provocada pelas expectativas desalentadoras que o cenário atual, pouco a pouco, delineava para o porvir.

Refeita deste momento de fortes emoções, Marta dirigira-se ao fogão a fim de buscar, para si, o resto do alimento que na panela deixara, constatando que, na realidade, quase nada sobrara.

Amorosamente conformada, fora enlaçada por um leve e apaziguante torpor que traduzia a sua satisfação por ter, uma vez mais, cumprido com suas responsabilidades de esposa e de mãe, provendo os seus queridos com o alimento escasso, sem dúvidas, mas enriquecido com o seu doce e imensurável amor.

Logo após lavar os utensílios que utilizara, encaminhara-se até a porta, abrindo-a, acomodando-se, em seguida, no banco tosco que do lado de fora se encontrava.

Passara, então, a apreciar o firmamento, cujas estrelas, nele encravadas, como se fossem joias faiscantes, contrastando com o negror da noite, enfeitavam o céu, num harmonioso conluio com a Lua que, delicadamente, complementava a paisagem, estendendo seu manto prateado, iluminando, suavemente, aquele isolado e esquecido recanto, onde aquelas almas carentes se abrigavam, algumas delas colhendo os frutos amargosos, resultantes da semeadura malsã, doentia, que em anterior encarnação realizaram.

Nesse colóquio silencioso com o céu, sua alma parecera alçar voo, como que querendo abraçá-lo, agradecida por aqueles raros momentos de paz que, generosamente, lhe ofertava.

Assim, enlevada, seus ouvidos passaram a captar longínqua e suave melodia, que adentrara a intimidade do seu ser, acariciando com seus acordes sua alma sofrida e generosa.

Marta sentira como se o Pai da Vida a estivesse presenteando com os tesouros da consciente resignação, incitando-a a prosseguir, corajosamente, caminhando pelas veredas pedregosas do mundo, esquecendo-se de si própria, lembrando-se, porém, de todos aqueles que dela careciam, convicta de que, no amanhã de suas existências, todos haveriam de conquistar os louros da vitória, conseguida a duras penas.

Transpondo os mais penosos obstáculos haveriam de, no porvir, poder desfrutar o sublime aconchego de Jesus.

A seguir, quando a música enternecedora parecia haver penetrado em cada célula do seu corpo, judiado pelas intempéries da sua dolorosa existência, eis que voz dócil, referta de paz, pouco a pouco, se tornara audível, assim se expressando:

" – Marta, Marta, minha querida.

– Tenhas a certeza de que sempre estaremos ao teu lado, amainando os teus tormentos, orientando os teus passos, inspirando-te a seguir o caminho traçado pelo amor sem limites que, no próximo amanhã, te libertará das algemas impiedosas da matéria densa e enganosa que te encontras cativa, descortinando-te as paisagens celestiais que deslumbrarão tua alma, possibilitando-te usufruir a verdadeira felicidade.

– Não esmoreças, continues com o teu coração envolvido pelo amor do Cristo Jesus, pois, renovando, dia após dia, tuas esperanças no porvir, acabarás por vencer os apelos fugazes do mundo e conquistarás o céu.

– Marta, quando no além te encontravas, assumistes a sublime missão de amparar aqueles que te são caros durante a caminhada que, juntos, haveriam de empreender. Sabias que ao percorrer as estradas da vida, teus pés haveriam de sangrar, porém, o teu coração resignado, aos poucos, haveria de transformar-se em pedra preciosa de raríssimo valor, cujo brilho passaria a iluminar os passos daqueles serezinhos sofridos que te concederam a honra da maternidade, confiando na tua proteção e no teu incondicional amor.

– Sigas confiando no Mártir da Cruz, pois Ele jamais te deixará só."

Naqueles instantes, os seus olhos, há pouco fatigados e sonolentos, escancararam-se, vivazes, fixos no firmamento, ao mesmo tempo em que um sorriso pleno de coragem e de ternura visitou suas feições, em agradecimento pelo presente que os céus haviam acabado de lhe enviar.

A seguir, sentira como se acarinhassem o seu rosto, enquanto que agradável torpor percorrera seu corpo cansado, delatando a presença de amigos espirituais que ali se encontravam, estimulando-a a continuar, prosseguir.

Feliz e reanimada, Marta adentrara o lar e após as atribuições que lhe cabiam junto aos seus três queridos, recolhera-se ao leito, ao lado de João, para haurir novas energias a fim de enfrentar as exaustivas tarefas que a aguardavam na manhã seguinte.

Seus olhos, umedecidos pelas grandes emoções que há pouco vivenciara, notara que um facho delicado de luar se esgueirava por uma fresta do telhado, acariciando suas faces como se os céus, docemente, estivessem desejando-lhe boa noite.

Momentos após, Marta, quando se encontrava entre a vigília e o sono, fora abraçada, novamente, por suave torpor, passando a visualizar cenas nebulosas e confusas, nas quais seres humanos presos a fortes mastros de ferro, desesperados, seminus, envolvidos por agressivas labaredas, tendo seus corpos queimados, emitiam gritos lancinantes, denunciando por meio dos seus semblantes apavorados, os sofrimentos, inenarráveis, por que estavam passando.

Ao mesmo tempo, o que lhe parecera ser religiosos, vestidos a caráter, apreciavam a cena cruel, delatando por meio das suas fisionomias a satisfação que os visitava, evidenciando a inquestionável frieza das suas almas e a absoluta autoridade de que estavam revestidos, tal o temor que suas presenças causavam junto a turba, desvairada, que acompanhava o desenrolar daquele horrível acontecimento.

Atormentada por aquelas cenas grotescas, Marta acordara lívida, suarenta.

A seguir, procurando readquirir a lucidez, passara a refletir sobre o que, em sonho, acabara de vivenciar, chegando à inexplicável conclusão de que aqueles religiosos, de alguma forma, para ela, desconhecida e inexplicável, mantinham algum elo com os seus filhos.

Mais calma, acreditando ter sido tão somente mais um pesadelo, o sono amigo viera, novamente, em seu encalço, enlaçando-a, premiando-a com o justo e providencial descanso de que o seu corpo, alquebrado, tanto necessitava.

Na manhã do dia seguinte, ao sentir-se acarinhada pelos primeiros raios de sol que, atrevidos, adentravam a choupana, infiltrando-se pelo vão da modesta janela, seus olhos entreabriram-se e Marta constatara que estava só no leito.

Preocupada de repente pusera-se de pé dirigindo-se de imediato para a cozinha.

Surpresa e ao mesmo tempo aliviada, encontrara o esposo diante do fogão cozinhando algumas espigas de milho.

Na realidade, antes que o astro rei viesse visitar aquelas paragens, João levantara-se e, mesmo acossado pelas dores, movido pelo nobre sentimento de colaboração, na tentativa de aliviar o pesado fardo das responsabilidades que Marta incondicionalmente assumira, encaminhara-se até a plantação de milho, distante dali duas centenas de metros, para colher algumas poucas espigas que haviam restado da sua última colheita, cuja semeadura ele mesmo havia realizado.

Feliz, Marta notara também que, na panela ao lado, uma boa porção de leite estava sendo fervida. Na verdade, João fora até sítio vizinho, conseguindo de um amigo de infortúnios, que possuía tão só uma enfraquecida vaca leiteira, aquele liquor tão precioso.

As dores, que horas atrás açoitavam o corpo de João, foram sendo gradativamente aliviadas, até desaparecerem por completo como se a atitude inquestionavelmente, fraterna e responsável que havia adotado, as houvessem expulsado das suas entranhas.

Os olhares de Marta e João se cruzaram, plenos de respeito, consideração e amor, mutuamente agradecidos e, com os olhos umedecidos, abraçaram-se, ao mesmo tempo que os grunhidos de sempre, emitidos pelos seus filhos, se fizeram ouvir, tirando-os daquele singelo instante de nobres sentimentos, convocando-os para mais uma longa e penosa etapa de trabalho e de incondicional doação.

Os dias, os meses foram sendo registrados pela ampulheta do tempo que, insensível, relatava os anos passarem, replenos de dificuldades para os integrantes daquela mísera família, onde a coragem e o destemor continuavam fiéis, acompanhando Marta e João, não os abandonando um instante sequer, provendo-lhes forças para continuar, dando seguimento às redentoras missões que, ambos, na erraticidade, haviam se comprometido na Terra concretizar.

Marta notava que, aos poucos, seu esposo fora emagrecendo e seu físico, antes vigoroso, dava visíveis e preocupantes sinais de enfraquecimento.

Discretamente, João queixava-se de dores por todo o corpo, ao mesmo tempo que um constante mal-estar passara a fazer-lhe desagradável companhia.

Seus olhos já não apresentavam a mesma vivacidade e brilho de outrora e a palidez que visitava o seu semblante tornava evidente o depauperamento que, lentamente, fora dele se apossando.

Seus passos tornavam-se, a cada dia, mais lentos, titubeantes e sofridos, enquanto suas obrigações eram cumpridas à medida das suas forças e disposição, com notório sacrifício.

A impiedosa leucemia, percorrendo a intimidade do seu corpo, prematuramente envelhecido, o havia, definitivamente abraçado, aprisionando-o em suas teias pegajosas e cruéis, delineando com tintas negras o seu próximo futuro.

Certa manhã, quando heroicamente encontrava-se no campo, realizando, como lhe era possível, o plantio de algumas poucas e precárias sementes, sentira como se lâmina aguçada, de invisível punhal, rasgasse suas carnes, ferindo-o de morte.

Seu corpo, já sem vida, tombara sobre o chão seco, inapelavelmente vencido pela atroz enfermidade.

Seus lábios, inertes, bem junto à terra, nela depositaram seu derradeiro beijo, agradecido pelo alimento que lhe houvera ofertado, durante tantos anos, ensejando a sua vida e as dos seus amados que, incontestavelmente, foram as únicas alegrias que pudera, verdadeiramente, desfrutar durante todo o calvário da sua existência terrena.

Marta, veramente preocupada com a inesperada demora de João, partira, célere, para o local onde o companheiro deveria encontrar-se.

Impactada pela dura cena que seus olhos acabavam de ver, debruçara-se, rapidamente, sobre o veículo físico, já sem vida, do seu querido, abraçando-o ansiosa e amorosamente.

Pela gelidez do seu corpo, lividez das suas faces, e ausência da sua respiração, Marta tristemente constatara que a vida havia dado a João o seu último adeus.

Sentira-se, de súbito, esquecida e desamparada pelo mundo, tendo agora como únicas companhias Fábio, José e Leonardo, que com ela haveriam de dividir seus dias repletos de amarguras.

Subitamente, partira em busca de ajuda, conseguindo-a, sem restrições, em sítio vizinho, para onde o corpo fora levado.

De volta ao lar, tendo os olhos embaçados pelas lágrimas abundantes que brotavam incontroláveis, envolvida pelas prementes preocupações que dela se apossaram, percebera que silêncio incomum, absoluto, ali imperava.

Rapidamente adentrara o cômodo onde se albergavam os seus filhos e aqueles pares de olhinhos que, quando a viam, denotavam imensurável alegria, naquele momento, se encontravam entristecidos, lacrimosos, como se já tivessem conhecimento da funérea ocorrência.

Tanto Marta, como os três gêmeos, estes agora com 8 anos de idade, durante o sono da noite que antecedera o dorido desenlace de João, tiveram seus Espíritos, momentaneamente, libertos dos seus respectivos corpos físicos, quando então receberam a visita de amigos espirituais que os acompanhavam nesta jornada terrena, dando-os a conhecer que João estava prestes a deixar o seu veículo carnal, partindo em paz, rumo à pátria espiritual.

Marta e os meninos, ao acordarem, mantiveram apenas lembranças esparsas e imprecisas a respeito do sonho que haviam tido, apresentando tão somente um certo desconforto em forma de mal-presságio, deixando-os apreensivos quanto às eventuais ocorrências que, nos dias vindouros, poderiam vir a se concretizar.

capítulo 12

Naquela região, quase inóspita, bem distante da capital de importante estado do Sul do país, congregavam-se sítios modestos, afastados, entre si, por consideráveis distâncias.

Ali viviam paupérrimas famílias de lavradores que, unidas pelas mesmas desventuras, acabaram por despertar entre si despretensiosa solidariedade, auxiliando-se mutuamente, amenizando as agruras que, abusadas, acabaram por tornar-se hóspedes indesejáveis em suas vidas.

Irmanados pela dor, aquelas empobrecidas criaturas velaram durante toda a noite o corpo sem vida de João, que lhes houvera sido amigo leal nas horas doces e amargosas que, juntos, experienciaram em suas dolorosas existências.

Todos os que se encontravam presentes foram sendo enredados por um sentimento mesclado de dor e de consolação.

De dor por não mais poderem ver, compartilhar, conviver com aquele companheiro fiel e amorável e, de consolação por sentirem que o irmão de infortúnios deixara para trás a esteira de padecimentos que houvera, paciente e heroicamente, enfrentado.

Por certo, imaginavam que João haveria de encontrar, nos céus, o amparo que fizera jus e que o fariam esquecer os momentos difíceis por que passara, encontrando, por fim, a paz que tanto almejava.

Lágrimas emocionadas extravasavam pelos olhos cansados e sofridos da viúva que, na sua essência, relatavam a dor da solidão, a preocupação dos dias que haveriam de vir e a saudade pungente que já se fazia presente, torturando o seu doce coração.

Sentindo-se desamparada e só, Marta, silenciosamente, indagava a si mesma: o que será de mim e dos meus queridos agora que João se fora, partindo rumo a novas paragens ao encontro de Jesus?

Assim pensando, com o coração opresso, angustiado e a mente a delinear sombrio amanhã, sentira-se, pouco a pouco, envolvida por inquestionável tranquilidade, ao mesmo tempo que, como se fossem mãos divinas, afagassem os seus cabelos maltratados, fazendo com que a esperança viesse, novamente, visitá-la.

Desta forma sutil e amorosa, amigos espirituais procuravam fazer-se notar naqueles momentos tão dolorosos.

Felizes, conseguiram o seu intento, pois Marta, pelas vias d'alma, percebera suas presenças, traduzidas pela paz que, repentinamente, viera fazer-lhe pacienciosa e dúlcida companhia.

No dia seguinte, bem cedo, logo após o humilde sepultamento, vieram as emocionadas despedidas.

Marta, veramente preocupada com os seus filhos, que haviam ficado sós, a mercê de Deus, sem que nada pudesse ter feito a respeito, demandara o mais rapidamente possível para casa, ali os encontrando, saudosos, ávidos da sua doce presença, única alegria que conheciam nesta existência triste e sacrificiosa, cujos erros por eles cometidos em anterior encarnação transformaram-se nos únicos responsáveis pelas suas atuais desventuras.

De uma sacola gasta e desbotada, dependurada na parede rústica, retirara algumas poucas mandiocas e, de um pote, um punhado de arroz que iriam constituir-se nos únicos alimentos que a miserável família haveria de desfrutar naquele almoço, presumivelmente, pleno de melancolia e pesar.

O silêncio e a tristeza foram as únicas companhias que, todos, tiveram durante a tarde que transcorrera acinzentada, pois os raios luminosos do astro rei, apesar do grande esforço, não conseguiram transpor as nuvens densas que se avolumaram, impedindo-os de levar o calor e a vida àqueles seres humanos privados da felicidade.

Após o jantar, pálida réplica do que fora o almoço, a noite, decidida, viera-lhes ao encontro.

Uma vela acesa na humilde cozinha, se tornara o único ponto de luz a iluminar a imensidão da terra que circundava o tristonho casebre, como se os seus integrantes estivessem enviando silencioso apelo ao Senhor do Céu, dizendo-Lhe:

– Pai de todos os pais, aqui nos encontramos a mercê da Vossa imensurável misericórdia e do Vosso infinito amor.

– Ajudai-nos neste momento tormentoso por que passamos, fortalecendo-nos o ânimo, afastando da nossa alma esta dor cruel que despedaça os nossos corações, ofertando-nos a Vossa terna resignação e a Vossa paz.

Após perceber que seus pequenos adormeceram, Marta, não conseguindo conciliar o sono, devido às intensas emoções que ainda vibravam no cerne do seu ser combalido, lentamente, dirigira-se até a porta entreaberta da choupana para, em seguida, poder observar o firmamento que tanta consolação já lhe houvera proporcionado. Ao abri-la, notara que cariciosa chuva começara a cair.

Encaminhando-se para a janela, seus olhos marejados passaram a acompanhar os pingos que beijavam o chão seco, dando vida às suas entranhas, como se os céus também estivessem chorando, vivenciando a mesma tristeza que, naqueles momentos, a perseguia, sem um mínimo de compaixão.

Minutos após, a chuva cessara e um perfume agradabilíssimo adentrara a humilde moradia, preenchendo os espaços com sua essência adocicada, como que anestesiando a desventurada mãe, incitando-a a dirigir-se para o leito, ao encalço do descanso e do refazimento, que o seu corpo reclamava.

Na realidade, era singela dama-da-noite que, resistindo heroicamente as intempéries, como que solidária com o sofrimento daqueles infelizes seres humanos, procurasse presenteá-los com o seu aroma penetrante, dizendo-lhes que a vida seguia seu rumo, intentando resgatar-lhes as esperanças que haviam perdido.

Tão logo Marta adormecera, expressivo sonho viera-lhe, suavemente, ao encontro.

Via-se de mãos dadas com o companheiro recentemente desencarnado, ambos mais jovens, na época em que se encontravam recém-casados, tendo diante de si delicada figura angelical esboçando sorriso peculiar, cheia de indescritível meiguice que, inquestionavelmente, os cativara.

Dizia-lhes, pelas vias do pensamento, a respeito da dolorosa e, ao mesmo tempo, redentora missão que haveriam de empreender na atual encarnação.

Receberiam em seus ternos braços três carentes criaturinhas com as quais haveriam de conviver, a fim de acompanhá-las pelas difíceis estradas do mundo, ajudando-as a exercitarem-se na paciência, na resignação e na dúlcida fraternidade, conquistando os tesouros do amor que haveriam de enriquecer as suas almas, ainda tão distantes da luz apaziguante e confortadora do Cristo Jesus.

Dos olhos emocionados de Marta, ex-Clarice e de João, ex-Antoine, lágrimas abundantes se fizeram notar, exteriorizando um misto de alegria e coragem que os viera visitar.

Logo após, veramente agradecidos, pela nobre incumbência que acabavam de receber, humildemente, menearam as cabeças em sinal de aceitação e respeito, assim terminando o que houvera sido para Marta tão só um sonho.

Caro leitor:

Em verdade, Espíritos ali presentes para ela projetaram cenas ocorridas anos atrás, quando Marta e João, libertos, temporariamente, do corpo carnal, através do sono, houveram recebido de um Espírito amigo tão importante missão, até então cumprida, corajosa e abnegadamente, pelo humilde casal.

No amanhecer do dia seguinte, Marta, nas profundezas do seu ser, guardara apenas fugidia impressão de que havia participado de momentos maravilhosos, quando um anjo iluminado havia endereçado para ela e João, responsabilidade das mais expressivas junto aos três filhos e que, agora, sozinha, haveria de dar amorosa continuidade. Entretanto, o passar dos dias haveria por fazê-la colocar no baú do esquecimento o que fora, em verdade, caridoso e elucidativo episódio provindo do além.

Nos dias subsequentes, Marta desdobrava-se intercalando os afazeres no campo que sustentava a sua vida e a dos seus e no lar atendendo, generosamente, aos apelos constantes daqueles farrapos humanos, mendigando comiseração e amor que ela os ofertava a mancheias.

Assim transcorria a vida daquelas criaturas, vergastadas pela infelicidade a mercê das intempéries do mundo, escravas da desesperança.

capítulo 13

Duas semanas haviam decorrido desde o desencarne de João, quando Marta escutara, não muito distante da choupana, o galopar de um cavalo dali se aproximando.

Curiosa e apressada, saíra do interior do casebre, para verificar quem seria o visitante.

Um homem, aparentando cerca de trinta e poucos anos, elegante, bem apessoado, irradiando discreta simpatia, montado em belíssimo cavalo, estancara o animal há poucos metros de Marta, e, retirando o chapéu, educadamente, a cumprimentara.

Marta, com a simplicidade que lhe era característica, amistosamente esboçando leve sorriso, lhe dissera:

— Bom dia, meu senhor. A que devo sua visita? Posso ajudá-lo?

Aquelas poucas palavras, enunciadas com sincera humildade e doçura, soaram aos ouvidos do jovem cavaleiro como acordes de suave melodia, incitando-o a pôr-se a caminho pelas veredas floridas da compaixão.

Silêncio significativo e absoluto fizera-lhes companhia quando Marta, solícita e confiante, tomara a palavra dizendo-lhe:

— Senhor, entre, sente-se e descanse um pouco.

Como que hipnotizado, Gaspar, calmamente, adentrara a humílima moradia, não podendo deixar de observar a impiedosa miséria que vergastava aquela alma que, heroicamente, procurava sobreviver, pelejando contra as vicissitudes que a vida, incansavelmente, lhe impunha.

Seus olhos marejaram e, com dificuldade, procurava disfarçar as emoções que o seu coração, naqueles instantes, vivenciava, conseguindo, com muito custo, conter as lágrimas que, voluntariosas, pretendiam beijar-lhe as faces, na tentativa de delatar os nobres sentimentos que o enredavam naqueles inolvidáveis momentos.

Assim permanecera por alguns segundos, quando grunhidos, provenientes do modesto quarto, lhe denunciara que mais alguém ali habitava.

Aqueles sons estranhos, desagradáveis, ecoaram aos ouvidos do visitante como sendo súplicas doridas, singrando os ares em busca de caridade e compaixão.

Marta, com delicadeza, pedira licença e fora, pressurosa, ao encontro dos seus queridos.

Gaspar, por sua vez, sem se dar conta, automaticamente seguira-lhe os passos, divisando, perplexo, a cena confrangedora que se descortinava diante dos seus olhos umedecidos.

Marta, fazendo transbordar ternura e amor por meio do olhar, das mãos e do coração, deles se aproximara, cobrindo-os de beijos, acarinhando suas carantonhas, vivas expressões da feiura que os perseguia.

Gaspar, profundamente enternecido, não conseguira emitir uma só palavra, nem tampouco conter as lágrimas furtivas que, libertas, molharam suas faces empalidecidas pela intensa comoção que acabava de impactá-lo.

Aproximando-se daquelas crianças, aqueles pares de olhinhos negros vivazes encontram-se com os seus, clamando silenciosamente ajuda e comiseração.

Enlevado, enlaçado que fora por irrefutável e insólito sentimento de caridade, sentira como se voz meiga e ternurosa, audível somente pelos ouvidos do coração, lhe dissesse: "compadeça-te dessas criaturas, aliviando os seus calvários".

Na mais íntima das fibras do seu ser, Gaspar sentira-se alvejado por raio poderoso, pleno da mais singela piedade, que jamais, em toda a sua existência carnal, houvera experimentado.

Aqueles fantoches, humanizados, não conseguiam expressar os sentimentos que lhes envolviam as almas carentes, porém, por meio da expressão dorida dos seus olhares, conseguiam fazer-se entender pelos corações que, em suas intimidades, já possuíam as sementes perfumosas do amor.

Ao mesmo tempo que a compaixão o viera envolver, sentira, descabida e inexplicavelmente, como se aqueles bonecos de pano implorassem pelo seu perdão.

Veramente surpreendido por aqueles sentimentos que subitamente o assaltaram envolvendo-o de forma inapelável, somente deles conseguira se desvencilhar quando lágrimas incontroláveis, desta feita, abundantes, lavaram seu rosto, externando as emoções que sua alma, naqueles momentos, vivenciava.

Parecia já conhecer aquelas criaturinhas, como se, outrora, houvessem sido prepotentes, arrogantes e agora, incontestavelmente submissas, mendigavam o seu perdão.

— Não sei como vim parar neste lugar, para mim, até então desconhecido.

— Não conheço estas pessoas, nunca as vi. Como estes pensamentos vieram transitar pela minha mente?

— Serão as mãos do destino, impelindo-me à caridade?

Assim, atônito, Gaspar indagava a si próprio, intentando em vão encontrar uma explicação.

Não querendo expor os sentimentos que o afligiam, o jovem, discretamente, enxugara o pranto. A seguir, trocara algumas poucas palavras com Marta, rapidamente, dela se despedindo sem mesmo perguntar-lhe o nome, saindo, célere, pela porta da humílima habitação, levando consigo as dúvidas avassaladoras que vieram ao seu encontro, instalando-se em seu bondoso coração.

Rapidamente montara em seu cavalo e partira, na esperança de que a brisa, ao tocar o seu rosto, pudesse acalmá-lo, apaziguando os pensamentos escaldantes que o vieram acompanhar.

Depois de alguns minutos de desenfreada cavalgada, contera o animal e dele apeando-se, sentara-se embaixo de frondosa e acolhedora Santa Bárbara, recostando no tronco vigoroso seu corpo alquebrado, na expectativa de relaxar, desanuviando as fortes e inusitadas emoções por que passara.

O tilintar das folhas roçando-se, o murmúrio do vento suave a balouçar os galhos e o cantar delicado da passarada que por ali voejava, compunham delicada cantiga de ninar, fazendo com que Gaspar não resistisse aos seus encantos e adormecesse.

Em sonho vira, de forma nebulosa, labaredas vigorosas envolvendo os corpos, seminus de alguns homens, presos a robustas estacas de ferro.

As chamas, impiedosas, queimavam as suas carnes enquanto que a fumaça tóxica, resultante da fogueira que os circundava, adentrava, abusada, em suas narinas, preenchendo seus pulmões, asfixiando-os.

Instantes após, notara as cabeças dos moribundos curvarem-se, aos poucos, em direção ao chão, despedindo-se, definitivamente, da vida, libertando-os daquele suplício cruel que lhes viera ao encontro.

De repente, vira desprender-se dos seus corpos já sem vida uma espécie de vapor, à feição de tênue nuvem esbranquiçada, formando outros corpos, indescritivelmente sutis, duplicatas dos primeiros, deles desvencilhando-se pouco a pouco, sendo carinhosamente amparados por Espíritos que, suavemente, os conduziram rumo ao infinito.

No desenrolar do inusitado sonho, notara a presença de três religiosos, vestidos a caráter, que acompanhavam, impassíveis, as horrendas execuções.

Tivera a incrível impressão de que os referidos religiosos, na verdade inquisidores, nada mais eram do que aquelas três sofridas criaturinhas, que acabara de conhecer, vivenciando porém uma outra experiência física, em uma outra vida, vestidas com outras indumentárias carnais.

Naquele exato instante, seus olhos abriram-se e o sonho se desvanecera.

Seu corpo suarento e o seu coração palpitando acelerado avalizavam os momentos, das mais intensas emoções, que acabara de vivenciar.

Enquanto a passarada alegremente cantava, Gaspar, ainda anestesiado pelas cenas inimagináveis que o sonho lhe proporcionara, permanecera pensativo por alguns minutos, buscando em vão encontrar respostas que pudessem esclarecer aquele enigma. Nada conseguindo, montara em seu cavalo, partindo meditativo em direção ao solar da família.

Ali chegando, extravasando por meio do olhar e do semblante, ainda congesto, as fortes comoções que havia passado, Gaspar fora recebido pelos seus pais e pela irmã que, de pronto, notaram que algo realmente impactante com ele havia ocorrido, sentindo-se, por isto, veramente apreensivos.

Em seguida, silenciosa e automaticamente, todos se encaminharam para a sala de visitas, iniciando, de imediato, fraternal conversação.

Carlota, sua irmã amorável, contando 22 primaveras, demonstrando incontestável preocupação, lhe perguntara, pressurosa:

— Estás visivelmente emocionado, qual a ocorrência que tanto o abalou, meu irmão?

Gaspar, respirando fundo, tentando acalmarse, passara a relatar todas as comoções vivenciadas naquela ensolarada manhã.

Ao final do relato, Carlota, empalidecida, vivamente emocionada, portando, na intimidade da sua alma generosa, a chama inapagável do amor, conquistada ao longo do carreiro das encarnações, levantou-se delicadamente da poltrona que a acomodava, dirigindo-se ao encontro do seu querido irmão, depositando em sua face, ainda afogueada, um beijo carinhoso, delatando o imenso amor fraternal que lhe dedicava.

Em seguida, Carlota passara a relatar-lhes que, semanas atrás, havia tido experiência parecida, e que nada lhes contara antes, por ter levado a conta de um simples sonho, confuso, fantasioso que, a partir do relato de Gaspar, passara a ter um outro significado, desconhecido, porém, no mínimo, intrigante, incitando a todos partir em busca de respostas.

Acumpliciados, os irmãos entrelaçaram os olhares, ao mesmo tempo que um abraço afetuoso os envolvera quando Gaspar, sussurrando aos ouvidos de Carlota, lhe dissera:

– Somos personagens de um desconhecido enredo e que, de alguma forma, haveremos de desvendar, para que possamos encontrar a felicidade que, até agora, apesar da moeda farta e desta família maravilhosa, não conseguimos plenamente desfrutar.

Seus pais, perplexos, envolvidos emocionalmente pelas narrativas, sentiram-se, naqueles momentos, inapelavelmente levados a deduzir que, de alguma forma, até então por eles ignorada, seus filhos haviam sido partícipes de uma trama, para eles inconcebível, acontecida num passado longínquo que os incitava a avaliar e esclarecer.

Católicos fervorosos imediatamente tentaram expulsar das suas mentes aqueles estranhos e inacreditáveis pensamentos, evidentemente antagônicos à fé que professavam.

Mesmo assim, uma réstia de dúvida e curiosidade passara, a partir de então, a fazer-lhes desconfortável companhia.

As horas passaram morosas e, logo após o jantar, os componentes da família Prado sentiram-se impelidos a recolherem-se ao leito, para usufruírem o merecido descanso, recompondo-se dos impactos emocionais que sofreram no transcorrer daquele dia.

Na manhã seguinte, Alcides e Clara, incomodados com o que os seus filhos lhes haviam narrado, resolveram procurar o padre Mário que, há tempos, militava caridosamente em pequena comunidade, distante alguns poucos quilômetros da propriedade do casal, para colocá-lo a par do ocorrido, na esperança de esclarecimentos.

Após assistirem à missa de domingo, encaminharam-se até a sacristia onde o bondoso padre atendia os fiéis, para com ele dialogarem, expondo suas inquietudes, na expectativa de receberem do religioso explicações convincentes a respeito do caso, extirpando, em definitivo das suas mentes a mescla de curiosidade e incertezas que, desde o dia anterior, passara a acossá-los.

Gentilmente recebidos pelo pároco, de imediato, Alcides narrara-lhe os fatos.

Padre Mário escutara a exposição com extremosa atenção e ao seu final, com a simplicidade e a bondade que o distinguiam, intentara esclarecê-los, à sua maneira, a respeito do ocorrido.

Dissera-lhes que tudo não passara de sonhos, coincidentes, é verdade, mas, como tantos outros, que o cotidiano desenha e que a nossa mente criativa adorna, compondo cenas e histórias, em grande parte das vezes ininteligíveis, destituídas de coerência, não merecendo maiores reflexões.

Não satisfeitos com as explicações que o vigário lhes ministrara, sem conseguirem obter respostas convincentes aos seus anseios, após amena conversação, educadamente, se despediram.

Logo após, Alcides e Clara dirigiram-se à charrete que os aguardava, partindo, súbito, de retorno ao solar, pensativos, claramente ainda incomodados.

Percorrido pouco mais de um quilômetro, repararam, bem à direita do caminho, modesta, mas bem cuidada habitação, onde diante da porta tosca e descolorida, sobressaía a figura de uma simpática preta velha, que os acompanhara com bondoso olhar e um amistoso sorriso nos lábios.

Suas roupas brancas e seus dentes alvíssimos, parecendo quererem declarar a cor da sua alma, contrastavam com a sua pele negra retinta, adornando a sua silhueta robusta.

Seu semblante irradiava inquestionável paz que, de imediato, cativara o casal.

Naqueles rápidos instantes, Alcides e Clara entreolharam-se, como se suas almas silenciosamente dialogassem, assim dizendo:

— Aqui encontraremos as respostas que procuramos.

A charrete havia percorrido mais alguns metros quando Alcides puxara as rédeas, contendo o animal que, imediatamente, estancara.

Sua intenção era a de ir ao encontro daquela criatura, que lhe provocara tão forte e agradável impressão e com ela dialogar, satisfazendo aos seus anseios, tal a certeza que o assaltava naqueles momentos.

Entretanto, sentindo-se desconfortado por assim ter pensado, contrariando os princípios religiosos que esposara, alertara o cavalo que os conduzia partindo, célere, em direção ao solar, intentando, durante o percurso, desvencilhar-se daquele insólito desejo que lhe trouxera inquietação e uma certa dose de remorso.

Ao aproximarem-se da residência, Gaspar e Carlota vieram-lhes ao encontro. Filhos queridos, guardando em suas almas o tesouro do amor, tão logo seus pais deixaram a charrete, os abraçaram, assim seguindo em direção à residência, para desfrutarem o fraternal convívio e o costumeiro e agradável almoço dominical.

Minutos após, sentaram-se ao redor da mesa, quando simpática mulata, de olhos vivazes, adentrara o recinto, delatando por meio das suas feições descontraídas a alegria própria das criaturas que já encontraram a felicidade.

Calma, passara educadamente a servir-lhes o almoço que, com muito carinho, preparara não só com as mãos, mas com o próprio coração, tal o amor e consideração que dedicava àquela bondosa família.

A conversação fluiu alegre e respeitosa, enquanto usufruíam o variado e saboroso repasto.

Quando Josefa acabava de retirar o último prato, para trazer-lhes a sobremesa, Alcides, movido por incomum curiosidade, lhe perguntara:

— Josefa. Conheces uma pequena e humilde casa situada ao longo da estrada, não muito distante da paróquia do padre Mário, onde reside uma senhora negra, robusta, de dentes brancos, muito simpática, demonstrando indescritível paz, difícil de reconhecer nos dias atuais?

Conhecedora de que o casal, Alcides e Clara, era profundamente católico, a serviçal esboçara um sorriso maroto, como que denunciando a criança sapeca que existia na sua intimidade, passando a responder, delicadamente, o questionamento que o chefe da família Prado lhe fizera, dizendo-lhe:

— Trata-se da Mãe Benta, senhora bem simples, que atende muitas pessoas pobres que não têm possibilidades de visitar os médicos. Com seus preparos, suas ervas, suas rezas, consegue, muitas vezes, curar ou diminuir as dores daquelas criaturas humildes que vão lhe pedir ajuda.

Apreensiva, receosa até, de como os seus patrões haveriam de reagir ao que dissera, Josefa desanuviara o semblante, tão logo denotara o sorriso amistoso que Alcides lhe endereçou.

Em seguida, educadamente, deixou a sala, rumando em direção à cozinha para dar continuidade aos seus afazeres.

Findo o almoço, os irmãos encaminharam-se para a varanda, enquanto que seus pais dirigiram-se para a confortável sala de estar, a fim de aguardar o cafezinho que Josefa, sempre atenciosa, habitualmente lhes oferecia.

Gaspar e Carlota acomodando-se em aconchegante cadeira de balanço, trazendo na intimidade dos seus seres as imagens dos sonhos que haviam tido, tendo-as gravadas indelevelmente em suas mentes, seguraram-se nas mãos pondo-se, em silêncio, a observar a paisagem que transbordava beleza, exaltando o verdor da relva, o balouçar das folhas e o colorido das flores que circundavam o tranquilo solar.

A brisa que até então era suave fora transformando-se em vento forte, enquanto que as nuvens, voejando ligeiras, aglomeravam-se nas alturas, prenunciando a chuva benfazeja que estava prestes a presentear aquelas plagas, molhando a terra, dando vida à vasta vegetação.

Naqueles instantes, Alcides e Clara vieram fazer-lhes companhia e sentaram-se, bem próximos, para desfrutar as suas companhias, entabulando, sorridentes, agradável conversação.

Depois de alguns minutos, notaram, apreensivos, Sebastião, o jardineiro, mulato forte e bondoso, vindo célere em sua direção, delatando no semblante atormentado as aflições que sua alma, naqueles momentos, experimentava.

Ofegante, com os olhos congestos e a tez suarenta, estancou, súbito, diante de Alcides que, de imediato, lhe perguntara:

— O que aconteceu, Sebastião?

O serviçal, tentando conter o seu nervosismo, respondera com voz rouca, expondo sua aflição:

— Maria não passa bem. Está se aproximando o momento em que dará à luz e está sentindo muitas dores. Estou com receio de que a minha Maria não resista. Por favor, venham ajudá-la.

De imediato, Gaspar levantara-se, encaminhando-se em direção à residência do casal de empregados, esperançoso de que pudesse fazer algo em favor da gestante sendo, automaticamente, seguido pelos demais.

Em instantes, todos estavam ao redor do leito de Maria que suada, com o semblante empalidecido, contorcia-se sem parar, traduzindo as dores que atiçavam suas entranhas.

Carlota, impelida por uma vontade incontrolável, aproximara-se ainda mais do leito e, resoluta, colocara suas mãos instintivamente espalmadas por sobre o ventre de Maria, sem tocá-lo, permanecendo assim por alguns momentos enquanto, os demais, silenciosos, mantinham-se em oração.

Após a espontânea e imprevista intervenção, a gestante fora, aos poucos, deixando de contorcer-se, enquanto que o seu semblante serenara-se, ao mesmo tempo que os seus olhos, antes fechados, como se tentassem sustar a dor, abriram-se, lentamente, acompanhados por leve sorriso que viera visitar-lhe os lábios, enfeitando o seu semblante, deixando transparecer que o preocupante mal-estar dela estava inquestionavelmente despedindo-se.

Agradavelmente impactados pela ocorrência, principalmente Carlota, os olhares entrelaçaram-se, jubilosos, por terem todos de alguma forma contribuído para a melhora de Maria.

O grupo presente nem mesmo imaginava que Espíritos generosos ali se encontravam e que, utilizando-se das vibrações amorosas que de todos emanava, providenciaram o devido auxílio à serviçal, eliminando os seus padecimentos, devolvendo-lhe a paz.

Ainda emocionados, após os até-breve, os componentes da família Prado retiraram-se, deixando o casal de colaboradores a sós, para que a futura mamãe pudesse recuperar-se e desfrutar a tranquilidade que lhe faria então benfazeja companhia.

De retorno ao solar, novamente acomodados na sala de estar, Carlota, surpresa e ainda comovida pela atitude voluntariosa que, há pouco, havia tomado, usufruía de indescritível paz, porque, de alguma forma, havia sido veículo para aliviar o incômodo que assaltara Maria.

Com os olhos rasos d'água, esboçando um leve sorriso que expunha a felicidade que, naqueles momentos, adornava a sua alma generosa, perguntara aos seus queridos o que poderia ter de fato ocorrido, minutos atrás, e que tantas benesses trouxeram à gestante.

Ainda perplexos, não se sentiram encorajados para tecer qualquer comentário a respeito.

Pelas expressões de seus semblantes, que denotavam dúvidas, Carlota sentira-se estimulada a dar continuidade à conversação.

Dissera-lhes que, naqueles instantes, percebera todo o seu corpo ser envolvido por delicado e inusitado torpor, ao mesmo tempo que uma vontade férrea a induzia aproximar-se, ainda mais, da futura mãe.

Concomitantemente, sentira como se uma voz inexplicavelmente silenciosa se fizesse ecoar nas profundezas da sua alma, dizendo-lhe:

" – Carlota. Coloque tuas mãos sobre o ventre de Maria."

A partir de então, percebera fluir, através das suas mãos, uma energia ímpar e mesmo com os olhos cerrados vira, inexplicável e claramente, um facho de luz azulínea projetar-se, suavemente, sobre o ventre da gestante, como que adentrando suas entranhas, expulsando as dores que teimosamente lhe faziam cruel companhia.

Surpreendidos pela insólita narrativa, todos permaneceram calados, sem saberem o que dizer, absortos nas suas mais íntimas conjeturas.

A chuva começara a cair abundante, ao mesmo tempo que o suave aroma de terra molhada a todos presenteava.

Gaspar, por sua vez, enlaçado por uma tranquilidade jamais experimentada, como que anestesiado, alheio à conversação que seus familiares voltaram a manter, passara a escutar uma voz resoluta, audível, plena de brandura, a lhe dizer:

" – Querido amigo. É imensa a alegria que desfruto por ter o ensejo, há tempos aguardado, de contigo me comunicar, dizendo-te que juntos firmamos no além um compromisso de trabalho nas veredas do amor, levando a paz do Cristo Jesus aos corações sofridos, carentes do bálsamo bendito da fraternidade.

– Os tempos são chegados. Arregacemos as mangas e coloquemo-nos à disposição do Mártir do Calvário, trabalhando em favor do nosso próximo, amenizando as suas agruras. Assim agindo, sentirás a felicidade, pouco a pouco, adentrar a tua alma, transformando-te num emissário do Céu, com os pés ainda fincados na Terra. Antero é o meu nome."

O jovem indiscutivelmente surpreso, desvencilhando-se daquele inesperado e incontido torpor, dera-se conta de que nenhum dos seus queridos ouvira o monólogo que acabara de experienciar pois, alheios ao que com ele acontecera, davam continuidade à palpitante conversação sobre os inusitados acontecimentos, ocorridos na residência do casal Sebastião e Maria.

Minutos depois, ainda emocionado, trazendo no cerne da sua alma alegria até então nunca desfrutada, alegando um certo cansaço, encaminhara-se para o seu quarto, a fim de refletir sobre a avalanche de ocorrências que, veramente, o impactaram.

Ali chegando, lavara o rosto e aconchegara-se ao leito.

Carlota, sensível e observadora, conhecendo profundamente o irmão, percebera a súbita mudança que ocorrera nas suas feições e, sem transparecer a preocupação que a envolvera, presenteou seus pais com carinhoso beijo, dirigindo-se em seguida aos seus íntimos aposentos.

O ruído da chuva caindo convidava a todos para a sesta reparadora, da qual se tornaram merecedores, depois de todas as comoções por que passaram.

Após um leve toque na porta do dormitório de Gaspar e, com o seu consentimento, Carlota nele adentrara, sentando-se delicadamente na beirada da cama, bem próximo ao irmão, perguntando-lhe, revelando certa apreensão:

— Gaspar. Durante a conversação que entretínhamos na sala de estar, repentinamente, por alguns instantes, sua mente alheou-se do diálogo, ao mesmo tempo que suave lividez envolvera o seu rosto.

— O que aconteceu, meu irmão?

Assim questionado, desconhecendo o que na realidade consigo ocorrera, passou a narrar-lhe a experiência que vivera.

Durante a explanação, Carlota empalidecera, suas mãos umedeceram, enquanto que o seu corpo, pouco a pouco, fora ficando entorpecido.

Ao término do relato, um outro impacto, desta feita, ainda mais contundente, viera ao encontro de Gaspar.

Carlota, com a voz embargada, denotando um timbre que muito diferia daquele que lhe era peculiar, passara a falar com incontestável doçura:

" – Querido. O que acabaste de ouvir é, enfim, a verdade que veio te visitar.

– Tens, como tua irmã, um longo e perfumoso caminho a percorrer, uma missão a cumprir, com o propósito de aliviar os sofrimentos dos seres humanos que vierem ao vosso encontro e que ainda não encontraram Jesus em seus corações.

– Entretanto, para que este abençoado processo seja iniciado, torna-se necessário adquirais conhecimentos, outros, preparando-vos para a missão redentora que se aproxima.

– Que a paz de Jesus esteja em vossos corações. Mariana é o meu nome."

Gaspar e Carlota, sem saberem o que dizer e muito menos avaliar o que lhes houvera ocorrido, atônitos, seus olhares se encontraram, no mesmo instante em que lágrimas incontidas preencheram seus olhos, escorregando destemidas pelas suas faces comovidas, quando um abraço carinhoso e fraterno selou aquele momento inesquecível para aquelas almas, unidas, desde antanho, pelos laços da redenção.

Abraçados, encaminharam-se lentamente em direção à janela para apreciar o céu, onde as nuvens escuras já haviam se dissipado, descortinando o firmamento de um azul brilhante, que encantaria os olhos do mais exigente dos observadores.

Ainda embevecidos, Gaspar e Carlota sentiram no âmago dos seus corações que uma nova vida, para eles, iria começar.

As fortes sensações e incontestáveis evidências vividas deixaram em seus corações rastros indeléveis da realidade espiritual, incentivando-os não só a profundas reflexões, como também a empenharem-se para desvendar os segredos deste palpitante tema, por eles até então desconhecido.

Brisa suave passara a beijar os seus rostos, desalinhando os seus cabelos, colocando como que um ponto final naqueles inesquecíveis momentos, que haveriam de dar um novo rumo às suas existências, possibilitando-lhes vislumbrar novos e alentadores horizontes.

capítulo 14

Na humilde choupana, a viúva e os seus três filhos davam continuidade às suas vidas, carregando suas cruzes, trilhando os seus inenarráveis calvários.

Ao final de mais uma estafante jornada de trabalho no campo seco e debilitado, Marta retornara ao lar, saudosa dos seus queridos, como se fossem réstias de luz a iluminar as suas tristes veredas.

Lá chegando, prontamente notara que Fábio trazia a carantonha estranha, expressando, por meio do olhar, um desconforto nunca dantes demonstrado.

Seu olhar distante parecia observar outras cenas, de um outro mundo, que lhe provocavam iniludível temor.

Marta, cheia de compaixão prontamente abraçara seu filho, aconchegando-o amorosamente junto ao peito, protegendo-o, na tentativa de libertá-lo daquele atemorizante incômodo.

Sem saber o que fazer, abraçada àquele pobre fantoche humano, com o coração dilacerado e a voz emocionada e chorosa, que traduzia as aflições que experimentava, dissera plena de esperança e de fé:

— Jesus! Por piedade, alivie o padecer do meu filhinho, apagando as cenas que seus olhos veem e que o estão afligindo.

— Sinto que, num passado distante, esta infeliz criaturinha fez muitas pessoas sofrerem e agora colhe o que plantou. Não sei como estes pensamentos passam pela minha mente, mas me parecem tão reais...

— Mestre amado. Ele é meu filho do coração e a Sua compaixão e o Seu amor, por certo, aliviarão o seu sofrer, devolvendo-lhe a paz que tanto necessita.

— Que as Suas bênçãos caiam sobre nós, como água pura, lavando as nossas almas, acalmando as nossas aflições.

Imediatamente finda a suplicante prece, Marta percebera como se inesperada e indescritível energia percorresse todo o corpo do seu querido, devolvendo-lhe a serenidade.

Pasma, vira, pela primeira vez, a carantonha de Fábio transfigurar-se, adquirindo contornos menos rústicos, exteriorizando a paz que viera ao seu encontro.

Seus lábios suavemente entreabriram-se e, por meio deles, pela primeira e única vez, emergiram, surpreendentemente, lúcidas e doces palavras que traduziam o reconhecimento e o amor que a infeliz criança endereçava àquela que lhe fora anjo querido, assim se expressando com extraordinária dificuldade e incontestável esforço:

— Adeus, mãezinha querida!

Em seguida, por rápidos instantes, descansara seu olhar sobre os olhos umedecidos de Marta, como que procurando gravar aquele rosto maltratado pela vida, referto de amor, na retina da sua alma.

Assim, Fábio, ex-Ives, o temível inquisidor, lentamente, fora fechando seus olhos negros para o mundo da matéria efêmera, escancarando-os para a pátria dos espíritos que, agora, o recebia com os louros de legítimo vencedor.

Estupefata, Marta, evidenciando um misto de surpresa, tristeza e, ao mesmo tempo, de alívio, tivera a convicção de que suas preces foram ouvidas e que braços intangíveis, amorosamente, enlaçaram seu filho, livrando-o daqueles atrozes sofrimentos que, teimosamente, o acompanharam durante toda a sua romagem terrena.

Caro leitor:

As imagens aterrorizantes que se desenrolaram diante daquela infeliz criança, fazendo-a enxergar Espíritos revoltados, sequiosos de vingança que, em sua última experiência corpórea foram perseguidos, torturados e mortos por ele, Fábio, naquela oportunidade, vestindo outra indumentária carnal, acabaram por abalar profundamente o seu coração, há tempos combalido pelas agruras que a vida lhe houvera reservado.

As cenas que se desdobraram perante os olhos da sua alma martirizada, subitamente, impuseram-lhe intensas e fundas aflições, acabando por minar-lhe as derradeiras energias, usurpando-lhe a vida.

Em verdade, irmãos espirituais que desveladamente acompanhavam as experiências corpóreas dos integrantes daquela humílima família, ali presentes, providenciaram o desligamento final do Espírito Fábio, daquele corpo disforme, que lhe fora crudelíssimo calabouço.

Sem demora e placidamente, conduziram-no à outra dimensão espiritual para que lá viesse receber a caridosa assistência de que se tornara merecedor por ter enfrentado, com comovedora resignação, o que a vida lhe impusera em forma de tormentos, possibilitando-lhe redentor resgate.

Simultaneamente, no desdobrar dos acontecimentos, seus dois irmãos endereçaram-lhe olhares mesclados de surpresa e comiseração enquanto que as palavras inesperadas que Fábio acabara de pronunciar adentraram seus ouvidos, aninhando-se nos seus coraçõezinhos, como se fossem um canto de despedida e de libertação.

Leonardo e José, comovidos, destinaram seus olhinhos, cheios de melancolia, em busca dos de Marta e, ao se encontrarem, renderam-se as emoções, deixando que lágrimas abundantes deslizassem pelas suas faces, extravasando as dores que açoitavam as suas almas, já prisioneiras da saudade e da solidão.

Após o simples funeral, a vida de Marta e os seus, como sempre, continuara sua marcha, perseguida pela rotina cansativa e pela inseparável saudade e desesperança.

Gaspar, desde o dia em que estivera naquela choupana, passara a ser acompanhado por insistente sentimento de compaixão, incitando-o a ajudar aqueles miseráveis seres humanos, cuja felicidade lhes fechara as portas, deixando-os ao relento, a mercê das dolorosas intempéries da vida.

Após as insólitas experiências, das quais ele e Carlota foram incontestes protagonistas, percebera recrudescer o desejo de auxiliar aquela paupérrima família.

Enquanto refletia, procurando a melhor maneira de colocar em prática o nobre desejo que transitava pela sua mente, importante missiva chegara às suas mãos, solicitando sua presença, urgente, no Rio de Janeiro, para tratar de assunto pertinente às atividades de importação e exportação que a família Prado, há tempos, ali desenvolvia.

Surpreendido pela inesperada convocação, tivera de deslocar-se rapidamente para a cidade maravilhosa, onde sua presença era requisitada.

Carlota, cuja simplicidade e delicadeza cativavam as pessoas que desfrutavam a sua companhia, era pessoa recatada, evidenciando certa dose de timidez, somente deixando extravasar a sua vivacidade, contagiante, quando se encontrava na presença do irmão e dos pais que lhe adornavam a vida.

A distância do irmão, fiel e amorável confidente, fizera com que o perfume da espiritualidade que os envolvera, dias atrás, fosse desvanecendo-se, expulso pelos afazeres que reclamavam seu dedicado concurso.

Assim sendo, dizia para si mesma que aguardaria a volta de Gaspar para que, juntos, pudessem dar início às incumbências que os céus, generosamente, lhes houvera dado a conhecer e que seus corações, jubilosos, sentiam-se impelidos a realizar.

Duas semanas haviam passado quando, por carta, Gaspar, já sediado na cidade maravilhosa, informou aos seus queridos que acabara sendo convidado para hospedar-se na residência do casal Augusto e Helena, há longos anos leais amigos da família Prado, e que de pronto aceitara o gentil convite.

Dada a importância dos assuntos que fora tratar, o jovem sentira-se impelido a permanecer no Rio de Janeiro por tempo indeterminado, até que as negociações fossem, a contento, concluídas.

Para Gaspar, os dias transcorriam morosos, acompanhados pela saudade que não lhe dava tréguas, mormente à noite, quando a solidão dele também se aproximava, fazendo-lhe desagradável companhia.

Algumas noites, procurando arejar seus pensamentos e espantar a incomoda solidão, costumava caminhar pela orla marítima, apreciando o colar de luzes que a enfeitava, desfrutando a brisa suave que incessantemente soprava, amenizando a temperatura, acariciando seu rosto, refrescando seu corpo.

Numa dessas noites, quando a lua, generosa e suavemente, estendia seu manto prateado por sobre aquelas plagas, em perfeito conluio com o brilho das estrelas que salpicavam o firmamento, acompanhadas pelo sussurro das ondas que beijavam o chão de areia, Gaspar acabara sendo protagonista de um enredo, surpreendente, que iria mudar por completo o rumo da sua vida.

Enquanto caminhava, com os pés descalços por sobre a areia úmida, beirando o mar, seus olhos vislumbraram, surpresos, há cerca de meia centena de metros de distância, a silhueta esguia de uma senhorinha, cabisbaixa, discretamente vestida, em silencioso colóquio consigo mesma, transparecendo incontestável consternação e tristeza.

Parada, deixando seus pés serem acarinhados pela espuma branca das pequenas ondas que se formavam, subitamente, levantara a fronte e, resoluta, encaminhara-se mar adentro.

Gaspar tivera seu coração, repentinamente, assaltado por inexplicável sentimento de piedade e aflição por aquela criatura, ao mesmo tempo que desagradável pensamento o viera visitar, instigando-o a deduzir que aquela jovem estava prestes a cometer um irreparável desatino, atirando-se ao mar, desertando da vida que o Pai de Infinito Amor, por misericórdia, lhe concedera.

O jovem, sem perda de tempo, arremessara-se em direção da moçoila, na tentativa de impedi-la de cometer aquele ato impensado, inconsequente, verdadeiramente abominável.

Num instante a tinha nos braços, evitando que consumasse aquela loucura que, por certo, haveria de enredar o seu Espírito nas teias do remorso, arremessando-o, impiedosamente, a região inóspita e trevosa, à mercê de sofrimentos atrozes, inenarráveis.

Ao abraçá-la, sentindo o calor do seu corpo, a doçura dos seus olhos e a beleza do seu rosto inocente, percebera-se flechado por agradável comoção, sentindo que ali, naquele momento, acabara finalmente por encontrar a razão do seu viver, a felicidade que, há tanto tempo, sonhava.

Veramente surpreendida por aquele abraço providencial que a impedira de cometer aquele ato execrável, como que voltando a si, caíra em pranto, deixando extravasar a angústia que lhe corroía as entranhas.

Assim, Gaspar, ex-Charles e Maria Teresa, ex-Caroline, uniram-se na Terra, outra vez, cumprindo as juras de amor que, reciprocamente, houveram feito, quando ainda se encontravam no mundo dos espíritos.

O silêncio dos seus lábios traduzia as incontidas emoções que aqueles jovens corações estavam vivenciando, tendo como cúmplices daquele sigiloso enredo, a lua, as estrelas e o suave murmúrio das ondas, beijando a areia.

Sem pronunciarem um monossílabo sequer, ainda abraçados, deixaram o mar, encaminhando-se lentamente até a praia quando seus olhares se cruzaram outra vez. Sem saberem o porquê, sentiram-se como se já se conhecessem de um passado distante, ao mesmo tempo que leves sorrisos enfeitaram seus lábios, confessando a súbita felicidade que os arrebatara naquela inolvidável noite de verão.

Em seguida, ainda comovidos, Gaspar fora conduzindo a jovem à sua residência, que ficava algumas poucas quadras da praia e, no caminho, como se ainda estivessem vivendo um sonho, uma artimanha do destino, perguntaram-se, mutuamente:

— Qual o seu nome?

— Maria Teresa.

— E o seu?

— Gaspar.

Aquelas palavras, pronunciadas com intensa vibração de carinho, soaram aos ouvidos de ambos corações, como dúlcida melodia, revolvendo as células mais profundas dos seus seres, selando o reencontro daquelas almas, novamente unidas, em mais uma encarnação, nas sendas perfumosas do amor.

Com o rosto ligeiramente ruborizado, deixando transparecer o acanhamento que dela se apossara pela atitude deplorável que, minutos atrás, estivera a ponto de tomar, ainda emocionada, Maria Teresa fora, pouco a pouco, conseguindo entabular amena conversação com aquele desconhecido que, inquestionavelmente, lhe preservara o tesouro da vida.

Apesar da curiosidade que o visitava, Gaspar, educadamente, nada indagara a respeito dos porquês do ato insano que a jovem estivera prestes a concretizar.

No decorrer do diálogo, o jovem percebera que a senhorinha fora descontraindo-se, desanuviando o seu semblante, entretecendo prazerosa conversação, que se fazia acompanhar por leve e encantador sorriso, como que expulsando os pensamentos malsãos que haviam, minutos atrás, enodoado a sua mente.

Pela inesperada alteração de humor e pela contundente mudança de comportamento, logo após o incidente, demonstrando perfeita naturalidade nas palavras, nos gestos e nas atitudes, Gaspar fora levado a concluir que a jovem deveria ter sido, momentaneamente, fustigada por tormentoso e irreprimível desequilíbrio que a impulsionou àquele disparatado proceder.

Ainda embevecidos pelo feliz encontro, pararam diante da moradia de Maria Teresa.

A arquitetura elegante da casa, assim como a beleza ímpar do jardim que a adornava, traduziam as posses e o requinte dos seus moradores.

Olhando-a, profundamente, nos olhos verdes, como se tentasse vislumbrar as cenas que se desenrolavam no íntimo do seu ser, Gaspar tomou-lhe suavemente a mão, colocando-a entre as suas e, subitamente, corajosa, carinhosa e respeitosamente, a beijou.

Simultaneamente, as batidas dos jovens corações aceleraram-se, ao mesmo tempo que os seus semblantes tornaram-se lívidos, tal a emoção que os visitara, delatando os sentimentos incontidos de que se tornaram prisioneiros.

Após marcarem um encontro para as 19 horas da noite seguinte, num banco de jardim de frente para o mar, bem próximo a uma fonte artificial cujos jatos d' água, ao lado de pequeno e florido arbusto, coloridos por luzes diversas, enfeitavam o aprazível local, despediram-se, enquanto os seus olhares denunciavam a saudade que começava deles se assenhorear.

Com o coração espargindo felicidade, Maria Teresa adentrara o lar, enquanto que Gaspar, a passos lentos, alegremente meditativo, encaminhara-se para a residência que o acolhia, para ali tentar amainar as emoções, até então incontroláveis que agradavelmente desfrutava.

A moradia do casal Augusto e Helena distanciava-se consideravelmente da residência de Maria Teresa, entretanto, enlaçado por doces pensamentos, repletos de esperanças, fora caminhando até lá, não se apercebendo do tempo passar.

Ali chegando, encontrara, ainda desperto, o casal de anfitriões que o recebera, como sempre, fraternalmente, com simpáticos sorrisos, transparecendo a alegria que sentiam por poderem usufruir um pouco da sua prazerosa companhia.

Depois de breve e amistoso colóquio, todos se encaminharam para os respectivos quartos para colher o justo e merecido descanso.

Ao se deitarem, tanto Gaspar como Maria Teresa demoraram a conciliar o sono, pois seus pensamentos, singrando os espaços, mutuamente se procuraram, fazendo acelerar as batidas dos seus corações, espantando o sono que só os viera enlaçar quando a madrugada se fizera presente.

Enquanto os seus corpos se encontravam acomodados ao leito, refazendo-se, suas almas deles se desprenderam, reencontrando-se esperançosas, fruindo momentos de harmonia e de paz, inenarráveis, planejando o amanhã das suas vidas, em mais uma bendita jornada reencarnatória.

capítulo 15

Na manhã seguinte, ao despertar, Gaspar imediatamente sentara-se diante da escrivaninha que se encontrava bem à frente do seu leito e passara a escrever uma carta endereçada aos seus parentes, colocando-os à par dos últimos acontecimentos.

Com riqueza de detalhes, passara a descrever-lhes o que lhe havia ocorrido na noite anterior, convencido de que aquele encontro não fora obra do acaso, mas sim divinamente planejado, a fim de que aquelas almas se encontrassem e seguissem juntas uma nova caminhada.

As palavras iam sendo rapidamente redigidas, emergindo irreprimíveis da sua mente excitada, impregnadas de incontestáveis emoções, delatando os sentimentos que fluíam, incontidos, do seu coração, parecendo que percorriam os seus braços, estendendo-se até sua mão, materializando-se em forma de frases gravadas, silenciosamente, nas folhas de papel.

Ao colocar um ponto final na missiva, nitidamente passara a escutar aquela mesma voz, doce e cheia de energia, que ouvira tempos atrás, dizendo-lhe:

"– Querido irmão. Juntaram-se outra vez, na Terra, dois corações que já se encontravam entrelaçados

em Espírito e que agora, unidos, percorrerão as estradas do mundo espargindo a felicidade que os acompanhará, em forma de caridade, presenteando todas as criaturas que, com eles, transitarem pelas mesmas calçadas da vida.

– Deixo-te agora, querido amigo, o meu abraço fraterno, dando-te a certeza de que estarei sempre ao teu lado, percorrendo contigo as mesmas estradas, incentivando-te a compreender, perdoar, amar..., incondicionalmente, os seres humanos que vierem ao teu encontro, carentes de afeto e que enxameiam neste planeta de provas e expiações. Antero."

Profundamente sensibilizado, Gaspar não conseguira conter as lágrimas que, voluntariosas, banharam suas faces empalidecidas, extravasando a felicidade incomum que, naqueles momentos, experimentava.

A seguir, refeito, aprontara-se para mais uma jornada de trabalho, dando sequência à vida.

Ao dirigir-se para a copa, a fim de desfrutar o costumeiro desjejum, encontrara Augusto e Helena, já o aguardando para que juntos pudessem usufruir aqueles momentos, dialogando amistosa e descontraidamente.

Sem ter conseguido ainda dominar as fortes emoções que minutos atrás o haviam visitado, passara a relatar ao casal de amigos o que com ele e a moçoila havia ocorrido na noite passada.

Ao final da exposição, os esposos, sensibilizados, cruzaram os seus olhares como se, mútua e silenciosamente, estivessem a dizer:

– O Pai da Vida, sem dúvidas, providenciara este reencontro!

A conversação prolongara-se, agradavelmente.

Todas as noites de segundas-feiras, Augusto e Helena, espíritas convictos, deslocavam-se até a residência de um casal de amigos para, juntamente com outros confrades, militantes na mesma doutrina, participarem de sessão espírita que, há tempos, perfumava suas estradas, incitando-os a bem compreender as diversas nuanças da vida, indicando-lhes o roteiro da paz.

Cientes de que Gaspar pertencia a família católica, em nenhum momento relataram o fato de serem espíritas, respeitando assim a opção religiosa pela qual o jovem, acreditavam, havia se decidido.

Entretanto, após o comovido e incomum relato de Gaspar, Helena sentira-se inspirada a dirigir-lhe, corajosa e delicadamente, a palavra, assim dizendo-lhe:

— Querido Gaspar. Tenho a certeza de que no coração de Augusto, como acontece com o meu, não pairam dúvidas quanto à presença da providência divina promovendo o feliz reencontro entre duas almas.

— Respeitando o caminho religioso que escolheste, em nenhum momento da tua estada em nossa casa, te dissemos a opção religiosa que norteia nossas vidas.

— Querido. Sentimo-nos, agora, impelidos a dizer-te que somos espíritas, de alma e de coração!

— E analisando, rapidamente, o fato insólito que, espontaneamente, acabastes de nos relatar, sinto-me, estimulada a tecer alguns comentários, à luz dos nossos conhecimentos religiosos.

— Todavia, devido ao adiantado da hora e as responsabilidades que o aguardam lá fora, não acho aconselhável nos alongarmos neste assunto que, acredito, se transformaria em gratificante conversação.

— Entretanto, para não perdermos esta oportunidade que nos veio ao encontro, antes, pedindo-te desculpas pela minha ousadia, exteriorizo o meu desejo de convidar-te a nos acompanhar, hoje à noite, à residência de amigos para ali podermos juntos participar de agradáveis momentos de espiritualidade.

— Meu jovem, apartara educadamente Augusto, se aceitares este nosso convite, nos sentiremos honrados, entretanto, respeitando o teu livre-arbítrio, tens toda a liberdade para decidir.

Gaspar, delatando no semblante o seu consentimento, lhes dissera, esboçando simpático sorriso:

— Aceito o convite, com todo o prazer.

A palpitante conversação chegara ao seu final, tão logo as batidas do relógio da sala os convocara a seguir rumo aos seus respectivos afazeres.

Em seguida, alegremente, se despediram.

Ao abrir a porta para sair, Gaspar fora agradavelmente surpreendido pela presença de bela jovem que, vestida de uniforme escolar, lhe cumprimentara, presenteando-o com carinhoso sorriso.

Era Cristiane, filha do casal que retornava do retiro que havia feito em região serrana, distante da cidade do Rio de Janeiro.

Logo após, Gaspar sorridente se despedira, dirigindo-se apressado ao trabalho.

A jovem Cristiane, em seguida, adentrara o lar, indo ao encontro dos pais, abrançando-os com intenso carinho, expulsando a saudade que, desde a sua partida, se tornara fiel e incômoda companheira de toda a família.

Na mesma manhã, Maria Teresa levantara-se bem-humorada, como se uma nova vida estivesse tão só começando, estimulando-a antever momentos felizes que, por certo, haveria de usufruir ao lado daquele simpático rapaz que salvara sua vida, causando-lhe tão profunda impressão.

Ao encaminhar-se para a copa, como habitualmente fazia, para desfrutar o desjejum em companhia dos seus genitores, Maria Teresa trazia o semblante desanuviado, as faces ligeiramente coradas, os olhos brilhantes, vivazes, ao mesmo tempo que um sorriso doce, expondo seus dentes alvos e perfeitos, avalizavam o contentamento que, naqueles momentos, lhe fazia gostosa companhia.

Há meses se encontrava cativa do desânimo e de inexplicável e atroz melancolia, preocupando seus pais, Walter e Norma, que já haviam feito de tudo para livrá-la daquele estado depressivo que não lhe dava tréguas.

Especialistas na área da psiquiatria já haviam sido consultados, porém, sem qualquer êxito.

Agradavelmente surpreendidos, com a repentina e salutar melhora no comportamento da filha que tanto amavam, Walter e Norma entreolharam-se, ao mesmo tempo que sorrisos descontraídos os viera visitar, devolvendo-lhes a alegria que, há tempos, os havia abandonado.

Até então, desanimados, com o iniludível depauperamento que, pouco a pouco, se apoderava da jovem, temerosos quanto ao futuro sombrio que a todos aguardava, sentiram-se abraçados por novas esperanças, tal a felicidade que se estampava no rosto, lindo e delicado, da senhorinha.

Não querendo transgredir a intimidade da filha, nada lhe perguntaram, saboreando tão somente aqueles alegres momentos que há tanto tempo não desfrutavam, adornados por amena e descontraída conversação.

De repente, Maria Teresa sentira-se encorajada a narrar-lhes o fato que lhe havia ocorrido na noite anterior.

Veramente arrependida e encabulada, assim o fizera.

Estupefatos pela atitude impensada, intempestiva, verdadeiramente insana que a filha tomara, roubando-lhes as efêmeras alegrias, de minutos atrás, lágrimas ardentes rolaram, simultaneamente, pelas faces de Walter e Norma, expressando a amargura e o temor que os passara a enredar.

Terminado o desjejum, Walter, incontestavelmente preocupado e abatido, dirigira-se para o escritório; Norma, visivelmente abalada, para os afazeres domésticos enquanto que Maria Teresa recolhera-se ao quarto aguardando, ansiosa, que as horas passassem céleres, para ir ao encontro do rapaz que fizera, como nunca, seu coração vibrar de emoção, fazendo-a sonhar com um feliz porvir.

Ao se deitar, na esperança de poder deliciar-se com aqueles inolvidáveis momentos de felicidade que experimentava, subitamente, fora acossada por incômodo mal-estar, como se uma onda de incontrolável pessimismo viesse ao seu encontro, desfazendo aquele prazeroso encantamento.

Dando asas a imaginação, não conseguia desvencilhar-se do pessimista pensamento de que aquele jovem, que a fizera despertar para a vida, não passava de um ser humano que, condoído pela loucura que ela própria estivera a ponto de concretizar, sentira-se impelido a, corajosamente, obstar sua irrefletida e condenável intenção.

Aqueles fortuitos momentos se constituíram tão somente em inesquecível e fugaz encontro que se perderia no véu do esquecimento, deixando apenas um rastro de indizível desencanto, fazendo-a novamente prisioneira da impassível solidão.

Absorta nestas infelizes elucubrações, seus olhos, não resistindo a forte tensão, debulharam-se em lágrimas, banhando o travesseiro que a amparava, fazendo transbordar a angústia que naqueles instantes afligia a sua alma carente e solitária.

Um suor frio passara a emergir das suas entranhas, molhando suas vestes, quando, como se tivesse sido repentinamente anestesiada, adormecera.

Imediatamente, passara a sonhar, visualizando a figura de um jovem transfigurado, incontestavelmente revoltado, que dela se aproximava proferindo palavras atemorizadoras que, como dardos projetados com extremada violência, atingiam-na, dilacerando o seu coração delicado e bondoso.

Assim dizia, com, insofismável, arrogância:

— Ainda vais voltar para mim. Não tentes fugir. Até breve!

Maria Teresa percebia que o jovem, vestido à moda antiga, se encontrava profundamente ressentido com ela, fazendo verter pelos lábios o fel que lhe corroía a intimidade.

Aquele personagem, que ameaçadoramente há meses a perseguia nos sonhos, atormentava o seu viver, acinzentando os seus dias, descolorindo os seus horizontes.

Fustigada por estas perturbadoras sensações, Maria Teresa acabara por emitir inenarrável grito de terror, expondo a aflição que experimentava, na tentativa de livrar-se daquele pesadelo.

Naqueles instantes, seus olhos abriram-se desmesuradamente e, de imediato, percebera a presença de Norma, bem junto ao seu leito, dirigindo-lhe terno olhar, indagando-lhe apreensiva:

— Minha querida! Outra vez aquele mesmo sonho?

Sem dizer uma só palavra, meneando a cabeça, Maria Teresa confirmara as suas suspeitas.

Visivelmente abalada, empalidecida, a jovem era a imagem inequívoca do desalento e da desesperança.

Alice, a educada e atenciosa servidora que há já alguns anos prestava sua colaboração àquela família, conhecedora do drama que Maria Teresa há tempos enfrentava, adentrara o quarto, portando nas mãos uma chávena de chá quente, para que a jovem viesse a sorvê-lo, e ir acalmando-se, como acontecera outras tantas vezes. Assim ocorrera.

Logo após o almoço, olhando a todo instante para o relógio, a senhorinha, outra vez, retirara-se para os seus íntimos aposentos, a fim de repousar o seu corpo dolorido, devido aos impactos emocionais que sofrera durante a manhã.

O sol, pouco a pouco, fora declinando-se no horizonte, cedendo seu lugar à lua que, em perfeita harmonia com o manto escuro da noite, passaram a envolver aquela belíssima cidade.

Maria Teresa, já recuperada dos momentos difíceis por que passara, vestira-se com esmero, penteara seus cabelos aloirados, deixando que acarinhassem seus ombros, dera ligeiro toque na maquiagem e, sem demora, descera as escadas.

Norma, que a aguardava, fora-lhe ao encontro, esboçando confiante sorriso e, abraçando-a, desejou-lhe feliz encontro.

Assim, deixando transparecer pelo seu semblante um misto de alegre expectativa, dúvida e certa ansiedade, Maria Teresa despedira-se da genitora, abrira a porta de entrada e demandara, caminhando lentamente, em direção ao local marcado.

Sentia um suor gelado percorrer-lhe o corpo, ao mesmo tempo que aqueles mesmos pensamentos pessimistas vieram-lhe ao encontro, como que tentando dissuadi-la de prosseguir em busca dos seus propósitos.

Enredada por estas ideias malsãs, estancara os passos vacilantes, quando, na intimidade da sua alma, lhe parecera como se uma voz sem ruído, irreal, a incentivasse a desistir do seu intento.

Porém, esforçando-se para expulsar o que lhe viera à mente, alicerçada numa réstia de esperança que ainda lhe restara, disse para si mesma:

— Não vou desistir. Jesus irá me dar forças para que eu vá a esse encontro, para enfrentar a desilusão ou desfrutar a felicidade.

A seguir, pusera-se em marcha, outra vez, caminhando a passos rápidos e decididos.

Ao chegar ao local marcado, um tanto decepcionada, notara o banco vazio.

Nele se assentara, sequiosa, ainda ensimesmada, tendo como companhias o mar, a lua, as estrelas e a solidão.

Após alguns momentos de impaciente expectação, prestes a desistir, olhara, pela primeira vez, o relógio, constatando que os ponteiros estavam marcando, exatamente, o horário que havia sido combinado.

Banhada por renovadas e alentadoras esperanças, acalmara-se, aguardando o tão esperado momento.

Fechando delicadamente os olhos, enquanto que intimamente rogava ao Pai da Vida que apaziguasse a sua alma, escutara emocionada a voz de Gaspar, adentrando os seus ouvidos, envolvendo o seu coração, pronunciando carinhosamente o seu nome.

Ao abrir os olhos, feliz, defrontara-se com o jovem que, esboçando cativante sorriso, deixava extravasar a emoção que também estava presente no íntimo do seu ser.

Dissipados os seus temores, irradiando inquestionável alegria, Maria Teresa levantara-se e, instintivamente, o abraçara, delatando os expressivos e incontidos sentimentos que emergiam, voluntariosos, do seu doce coração.

Findo o inesperado abraço, ruborizada pela atitude tomada que a ela própria surpreendera, baixara o semblante, como se estivesse a pedir-lhe desculpas pelo seu afoito e impensado procedimento.

Em seguida, ambos, demonstrando uma felicidade indescritível, que viera enfeitar os seus rostos, sentaram-se lado a lado, ao mesmo tempo que as suas mãos entrelaçaram-se pela primeira vez naquela existência, da mesma forma que as suas almas já o haviam feito na noite anterior.

Enquanto estas cenas ocorriam, naquele empobrecido e longínquo rincão, as terras estavam secas. As rachaduras, como se fossem feridas abertas, expunham o exaurimento das suas entranhas, evidenciando que a chuva, benfazeja, há bom tempo as havia esquecido.

Marta, percorrendo com os olhos desesperançados aquela paisagem desoladora, perguntava a si mesma como haveria de fazer para sustentar a família, pois o solo enfermo, já quase sem vida, havia desertado de produzir.

Uma noite, após ter cumprido com suas habituais obrigações, pensativa, fora deitar-se.

Convencida de que não mais dispunha de meios para sobreviver, com o coração dilacerado, idealizara, como derradeira e sofrida alternativa, dirigir-se à cidade, acompanhada pelos seus queridos, expondo-os à caridade pública, na expectativa de preservar-lhes tão só a vida.

Estiletada pela vergonha que, acreditava, todos haveriam de passar e pelo sentimento de compaixão para com os seus filhos, que ficariam à mercê da bondade alheia, intentara expulsar da sua mente aqueles pensamentos. Todavia, não conseguindo vislumbrar uma outra opção, quedou-se vencida pela cruel realidade.

No dia seguinte, tão logo o astro rei fizera recair seus aquecidos raios luminosos sobre aquelas terras moribundas, Marta e os seus despertaram.

Precariamente alimentados, logo após acomodar José e Leonardo nos seus leitos, decidida, Marta partira em direção ao sítio mais próximo, para pedir auxílio a fim de concretizar os pensamentos que na noite anterior vieram-lhe visitar.

Encaminhara-se então para o modesto sítio onde o velho Pedro, companheiro de infortúnios, militava.

O bondoso amigo possuía uma carroça com a qual transportava sua mísera colheita até a cidade, a fim de comercializá-la, recolhendo assim os poucos numerários, muitas vezes insuficientes até para a sua própria sobrevivência.

Após os habituais cumprimentos, sem delongas, Marta passara a expor-lhe a ideia de que se via pronta para colocar em prática.

Humilde, Marta lhe pedira para que, nos dias em que não se dirigisse à cidade, lhe emprestasse o modesto veículo, possibilitando-lhe levar os seus meninos, dando sequência assim ao que se propusera fazer.

Complementou o seu pedido, dizendo-lhe que, de alguma forma, haveria de retribuir-lhe a caridade que lhe estaria prestando.

Pedro, a princípio, ficara um tanto quanto chocado com o que Marta lhe havia exposto. Todavia, colocando-se em lugar da viúva e vendo-se impossibilitado de ajudá-la, pois dispunha tão só do mínimo necessário para viver, acabara por render-se às evidências, atendendo ao seu pedido.

No dia seguinte, após ministrar aos seus queridos o escasso alimento de que dispunha, Marta, apunhalada pela dor da humilhação que por certo todos haveriam de vivenciar, passara a vesti-los, preparando-os para enfrentar a dura realidade que o destino lhes reservara.

Ao cobri-los com andrajos, era tal o carinho com que o fazia, que mais parecia estar vestindo, com finos tecidos, dois príncipes de rara beleza, quando, em verdade, eram tão somente bonecos de pano, esquecidos pelo mundo, deserdados pela felicidade.

Enquanto isto, aquelas criaturinhas, olhando-a com imenso carinho e amor, esboçavam apenas esgares, como se estivessem a sorrir, ingênuos, sem saberem a humilhação que os aguardava.

Profundamente abalada, cheia de compaixão, seus olhos não conseguiram sustar as lágrimas que deslizaram pelas suas faces vincadas pelo sofrimento, materializando a tristeza que transbordava da intimidade do seu ser.

Leonardo, vendo-a chorar, esforçara-se por acariciar o seu rosto, na esperança de amainar-lhe as agruras, porém, sem conseguir o seu nobre intento.

Logo a seguir, Marta ouvira o relinchar de um cavalo que se aproximava da sua choupana.

Ao sair, constatara que Pedro viera cumprir a promessa que no dia anterior lhe havia feito.

Após as simples e habituais saudações, ajudada pelo velho amigo, acomodara os pobres meninos na carroça, partindo em seguida em direção à cidade, antes porém deixara Pedro em seu sítio.

Durante o percurso, precariamente acomodados sobre o chão do rústico veículo, a mercê dos seus incontáveis sacolejos, José e Leonardo olhavam para sua mãezinha, como que a pedir-lhe explicações a respeito do que lhes estava ocorrendo.

Marta, apiedada, tão somente os observava, enviando-lhes, de momento a momento, um sorriso amoroso, alentador, intentando transmitir-lhes confiança e paz, que, aos poucos, fora conseguindo.

Inúmeras vezes, acariciara-os, como se lhes pedisse perdão pelas humilhações que, sem saberem, estavam prestes a passar e que ela própria lhes destinara.

Terminado o longo e cansativo trajeto, estacionara a carroça num terreno baldio, próximo à igreja matriz da modesta cidade.

Minutos depois, Marta se vira assentada em um dos seus degraus, amparando em cada um dos seus braços as sofridas criaturinhas, a mercê da caridade e da compaixão dos seres humanos que por ali haveriam de transitar.

Inertes, aconchegados nos braços maternos, José e Leonardo pareciam alienados do mundo, todavia, suas almas estavam lúcidas, observando e sentindo tudo o que se passava ao derredor, sentindo-se humilhados, fulminados pela dor do orgulho que, inacreditavelmente, ainda os acompanhava, desde a última e distante encarnação.

Porém, ao desviarem os seus olhares em direção às feições entristecidas de Marta e vendo-a submetida às mais pungentes vicissitudes, sem que dela ouvissem qualquer vestígio de queixume, sentiam-se conformados, envolvidos por inusitados sentimentos de reconhecimento, diluindo assim o veneno do orgulho que, teimosamente ainda lhes visitava as almas.

Aqueles corpos, inermes, que causavam funda compaixão às pessoas que por ali passavam, em realidade se constituíam em abrigos benditos que protegiam suas almas do assédio de Espíritos vingativos que, quando encarnados em anterior experiência física, foram impiedosamente torturados e mortos pela insânia dos agora farrapos humanos, José e Leonardo.

Assim, o Pai da Vida estendia seu manto de infinito perdão por sobre aquelas criaturinhas que, em encarnação anterior, insensíveis, infringiram as leis do amor, ofertando-lhes nova e redentora oportunidade para que pudessem resgatar os débitos contraídos, num passado vergonhoso e cruel, expiando seus clamorosos erros.

Cidade modesta, cujos habitantes não dispunham da moeda farta, apesar de compadecidos pelas cenas confrangedoras que se desenrolavam diante dos seus olhos, quase nada podiam fazer para aliviar a extrema penúria que açoitava aqueles infelizes seres humanos.

Aproximava-se o meio-dia e, apesar de cansada, como os seus queridos, Marta deixava transparecer inacreditável resignação, aceitando com incontestável heroísmo as cruzes que a vida lhe houvera imposto.

De repente, mãos caridosas afagaram os cabelos desalinhados daquelas pobres crianças, depositando, em seguida, sobre o colo de Marta, uma boa porção de alimento e, ao lado, uma garrafa com água, para saciar-lhes a fome e a sede que, sem piedade, os castigava, dando-lhes forças para prosseguir na dorida romagem.

Era o bondoso padre Mário que, apiedado, não suportando ver-lhes o sofrimento, sentira-se impelido a amenizar-lhes as agruras.

Assim, estas cenas foram desfilando, dia após dia, diante dos olhos generosos dos habitantes da cidade, fazendo-os, pouco a pouco, renderem-se à compaixão, esforçando-se para ajudar aquela infeliz família, pelo menos, a sobreviver.

capítulo 16

Gaspar, durante sua prazerosa permanência ao lado de Maria Teresa, olvidara-se completamente do compromisso que havia agendado com Helena e Augusto, somente dele se lembrando bem mais tarde, quando estava a caminho da residência do casal.

Ali chegando, um tanto quanto encabulado, cumprimentara os anfitriões, que já haviam retornado da sessão espírita que participaram, tratando, imediatamente, de desculpar-se, narrando com incontestável espontaneidade as razões do seu indelicado esquecimento.

O casal, natural e carinhosamente, acolhera as explicações do jovem.

Em sequência, devidamente acomodados na sala de visitas, passaram a entretecer descontraída conversação.

Durante o diálogo, Augusto informara que, excepcionalmente, na noite seguinte, seria realizada uma sessão espírita na residência do casal de confrades, quando conhecido médium de São Paulo estaria presente, como de outras vezes, brindando-os com sua companhia, sempre, amável e acolhedora, para a qual todos, inclusive Gaspar, haviam sido convidados.

Animado com a notícia, rapidamente, aquiescera ao convite e, com um sorriso maroto que viera visitar-lhe os lábios, comprometera-se, daquela feita, a não falhar com a promessa.

Após alguns poucos minutos de amistoso colóquio, Gaspar despedira-se do casal, encaminhando-se para o seu quarto para desfrutar o devido descanso e deleitar-se com as lembranças do recente encontro que tivera com a jovem Maria Teresa.

Ao deitar-se, tendo a nítida impressão de que iria demorar para conciliar o sono, pois ainda agasalhava os resquícios das emoções vividas naquela noite, enquanto o aguardava, seus pensamentos voejaram, incontidamente, mentalizando a doce figura da jovem que havia encantado os seus olhos, aquecido o seu coração, alumiado a sua alma.

De repente, lembrara-se de que, na próxima noite, havia marcado um novo encontro com Maria Teresa o que o impediria de honrar o compromisso que, há pouco, havia assumido com Helena e Augusto.

Pensando em como iria fazer para solucionar o impasse, cansado, rendera-se ao sono que o recolhera no seu aconchegante regaço.

Na manhã seguinte, ao participar do costumeiro e apetitoso desjejum, em companhia da agradável família, comunicou o fato.

Após refletir um pouco, Helena, com doce inflexão na voz, dissera confiante:

– Sinto que poderemos solucionar este, talvez, oportuno imprevisto, utilizando-nos de um natural e corajoso convite.

Todos permaneceram em silenciosa expectativa, aguardando, otimistas, o que Helena estava a maquinar quando Cristiane, sorrindo, denotando certa impaciência, olhando para sua mãe, lhe dissera:

— Mamãe. Acredito que o que estás pensando, passa também pela minha mente.

— Continues, estou ansiosa para saber.

Helena, fixando, serenamente, o seu olhar em Gaspar, lhe dissera:

— Convides Maria Teresa para nos acompanhar, talvez ela acolha o teu pedido!

O jovem fora, agradavelmente, impactado pela ideia, como se a mesma já estivesse acampada em seu coração, aguardando tão só o momento oportuno para colocá-la em prática.

O silêncio se fizera presente quando Cristiane, descansando o olhar sobre o jovem, lhe dissera, sorrindo e enigmática:

— Não te surpreendas com a resposta que irás obter!

Exteriorizando corajosa alegria, Gaspar concordou, de imediato, com o que Helena havia acabado de propor-lhe.

Após alguns poucos minutos de descompromissada conversação, cada qual partira para o cumprimento das suas responsabilidades e obrigações.

Naquela manhã, Gaspar, decidido, telefonara para Maria Teresa, pedindo-lhe, carinhosamente, o consentimento para encontrá-la, à tardinha, por volta das 17 horas, pois gostaria de falar-lhe a respeito de um assunto que julgava oportuno.

Surpresa, a jovem aquiescera ao convite sem, contudo, conseguir evitar que uma leve preocupação viesse toldar-lhe a mente. Porém, logo dissipando o pensamento pessimista que a viera perturbar, recobrara a alegria, pois iria vê-lo mais cedo, podendo assim, por mais tempo, desfrutar a sua companhia.

Logo após, espontaneamente, Maria Teresa lhe propora para que viesse até a sua residência a fim de que pudesse apresentar-lhe seus pais, que estavam ansiosos para conhecê-lo, já que estavam a par dos últimos acontecimentos que com ela ocorreram e que ele, Gaspar, havia, inquestionavelmente, contribuído para evitar que um lamentável episódio fosse, irremediavelmente, consumado.

Gaspar sentira-se lisonjeado com o convite, anuindo-o, exultante.

Pontualmente, à hora marcada, o rapaz fizera soar a campainha da casa.

A jovem, precípite, viera atendê-lo, abrindolhe o portão, delatando por meio do sorriso pleno de inocência e beleza, a alegria que naqueles momentos experimentava.

Ao ser, gentilmente, conduzido por Maria Teresa à sala de estar, onde seus pais o estavam aguardando, seus olhos recaíram sobre elegante aparador que sustentava um livro, cujo título desconhecia mas que o fizera, agradavelmente, surpreender-se.

Tratava-se de um exemplar de *O Livro dos Espíritos*.

Assim, de imediato, sentira-se, um tanto quanto aliviado em suas apreensões a respeito do convite que dali a instantes iria fazer, regozijando-se então com o que julgava ser um feliz acaso.

Cerca de meia hora já havia passado, de agradável diálogo, quando Norma convidara o jovem para fazer-lhes companhia para o jantar.

Gaspar, educadamente, declinara do convite relatando-lhes o compromisso que assumira com a família que o hospedava, o que o impossibilitava de atender-lhes a gentil solicitação.

Em seguida, o jovem, sem delongas, pedira-lhes o consentimento para que Maria Teresa viesse acompanhá-lo àquela reunião a que fora convidado.

Norma e Walter entreolharam-se, ao mesmo tempo que leves sorrisos afloraram dos seus lábios, denunciando a satisfação que os visitava naqueles instantes.

Em sequência, Walter assim se expressara:

— Por feliz coincidência, não faz muito tempo, estamos militando no campo da Doutrina dos Espíritos com a qual esta noite irás manter o primeiro contato.

— Há pouco mais de três meses, nossa filha Maria Teresa vem demonstrando uma certa desarmonia emocional, culminando com a atitude imprevista que estava prestes a tomar, dias atrás, e que só não se consumara, devido ao providencial concurso que corajosamente lhe prestastes.

— Amigos nossos, percebendo a preocupação que ainda nos faz desagradável companhia, recomendaram-nos a visita a um Centro Espírita, para que ali pudéssemos, quem sabe, encontrar o equilíbrio e a paz que parecem ter-nos abandonado. Assim o fizemos.

— Maria Teresa sente-se acossada por sonhos estranhos que a vêm incomodando, deixando-a desenergizada, física e mentalmente, fazendo-a perder a alegria de viver, deixando-nos preocupados com o porvir.

— Este convite que agora fazes à nossa filha, espero possa ser estendido para mim e para Norma, pois acredito que juntos haveremos de usufruir bons momentos de espiritualidade.

Gaspar, veramente feliz, concordara imediatamente com a proposta e encorajado, mais à vontade, passara a relatar-lhes algumas das experiências espirituais que, tempos atrás, houvera vivenciado.

Devido ao adiantado da hora, o jovem pedira-lhes permissão para telefonar ao casal de anfitriões a fim de comunicar-lhes que todos haveriam de fazer-lhes companhia, participando também daqueles momentos de espiritualidade que céleres se aproximavam.

Após os devidos acertos, definiram encontrar-se um pouco antes das 20 horas, em frente ao local onde a sessão espírita haveria de realizar-se.

Dadas as circunstâncias, Gaspar acabara por ficar para o jantar.

Caro leitor:

Em inumeráveis momentos das nossas vidas, quando julgamos determinada ocorrência como sendo obra do acaso, não imaginamos que Espíritos amigos, pelas vias do pensamento, nos inspiraram a falar, proceder, agir, intentando de forma sutil incentivar-nos a refletir, ponderar, para que venhamos a enveredar pelas estradas do verdadeiro e universal amor.

Quando ainda nos encontrávamos sediados na pátria espiritual, Espíritos dedicados, contando muitas das vezes com a nossa própria colaboração e consentimento, traçaram conosco as linhas mestras da nossa futura encarnação, adaptando-a às nossas necessidades evolutivas, ensejando-nos dispor das condições mais adequadas para eliminarmos as mazelas que enegrecem as nossas almas, combatendo o egoísmo obstinado que, de há muito, nelas se encontra enquistado.

As soluções de muitas questões fluem com naturalidade, sem traumas, isto porque já estávamos para elas preparados, concretizando, enfim, aqui na Terra, o que já havia sido previsto quando ainda estagiávamos no plano espiritual.

Era assim que acontecia naqueles momentos com Gaspar, Maria Teresa e os demais personagens que integram esta narrativa.

Poucos minutos antes do horário marcado, todos se encontraram diante do local combinado para, dali a instantes, poderem usufruir inolvidáveis momentos de espiritualidade.

Após os tradicionais cumprimentos e apresentações, fraternalmente recepcionados por Carlos, que haveria de presidir a reunião, e sua esposa Natália, adentraram a residência do casal, acompanhados pela anfitriã.

Ao todo, eram 15 pessoas.

Acomodados, junto à mesa, em forma de semicírculo, estavam os donos da casa, Rubens, o médium, Cristiane e dois outros, compenetrados, confrades. Os demais permaneceram assentados, diante deles, mantendo respeitoso silêncio.

Exatamente 15 minutos após as 20 horas, a reunião tivera início quando Cristiane, emotiva, fizera o Pai-Nosso, como prece de abertura.

Logo após, Carlos passara a leitura de um trecho do *Evangelho segundo o Espiritismo,* que se referia ao parentesco físico e espiritual, evidenciando que todos, sem exceção, fazemos parte de uma grande família universal, em busca da evolução e da tão decantada felicidade.

Terminada a leitura, os integrantes da mesa passaram a tecer comentários pertinentes ao texto, enriquecendo-o com suas próprias experiências.

Gaspar, durante todo o tempo, permanecera atento e sensibilizado, não só com o conteúdo do texto, como também com as apreciações que foram feitas, evidenciando a sabedoria e o bom-senso contidos na Doutrina dos Espíritos, que desvendavam verdades, para ele, até então, ignoradas.

Após as referidas colocações, Natália apagara as luzes, deixando acesa apenas discreta lâmpada azulada que contribuiu para a devida concentração dos presentes.

Cristiane, mediunizada, assistida pela sua mentora espiritual, passara a discorrer sobre as responsabilidades que assumimos perante ao Pai de Infinito Amor, ao provocar em outras criaturas, intencional ou descompromissadamente, o despertar de sensações de carinho e afeição para conosco, procurando tão só cativar os seus corações, confiar-nos seus anseios, entregar-nos os seus amanhãs e as próprias vidas, sem contudo termos, para com elas, sentimentos mais nobres e responsáveis.

Durante a explanação, Rubens vira, claramente postado ao lado da jovem Maria Teresa, o Espírito revoltado e odiento do algoz que a perseguia durante o sono, martirizando-a, sem complacência, instigando o seu descabível proceder.

Queria manifestar-se, exteriorizar o ódio que o acicatava. Todavia, não conseguira o seu intento, enredado que fora por Espíritos amigos que, amorosamente, o incitavam a calar-se e apenas ouvir.

O experiente médium, inspirado pelo seu guia espiritual que, de há muito, o acompanhava pelas veredas deste mundo de provas e expiações, após a manifestação de Cristiane, passara a expor algumas importantes nuanças do perdão, assim dizendo:

— Ao mantermos enclausuradas em nossa almas as mágoas, os ressentimentos e a revolta, haveremos de retardar o nosso divino encontro com Jesus.

— Estas desvirtudes, por certo, provocarão fundas feridas na intimidade do nosso ser e a constância destas mesmas e deploráveis atitudes impossibilitarão a devida cicatrização, fazendo-nos prisioneiros da dor que a simples reflexão, acompanhada do perfume do perdão, por si sós seriam suficientes para nos devolver a paz que tanto procuramos alcançar.

— Assim agindo, estaremos derramando sobre aqueles seres humanos que, pela nossa falta de compreensão, os transformamos em inimigos, o fel da vingança que nós mesmos produzimos, incessantemente, no interior das nossas almas, desconhecendo que antes de o projetarmos, em suas direções, já nos corroera as entranhas, enfermando-nos, tornando-nos reféns do nosso descaridoso e abominável proceder.

— Fazemo-los sofrer e chorar, sem nos darmos conta de que, no amanhã, seremos nós a sentir as mesmas dores que, impassíveis, provocáramos.

— Criaturas já desencarnadas mantém seus Espíritos enredados pelas teias pegajosas da vingança, permanecendo assim, anos, décadas, até mesmo séculos, sorvendo o próprio veneno, infelicitando o seu porvir, distanciando-se mais a mais dos ternurosos braços do Sublime Peregrino do Amor.

— Ao fazerem outros sofrer, por meio das suas desamorosas investidas, não se apercebem que são eles os primeiros a padecer, tornando-se verdugos de si mesmos, curtindo insensatos as dores que para si próprios semearam.

— O Cristo Jesus que houvera adornado o mundo com as flores perfumosas do amor, incompreendido em sua sublime missão, pelos corações fugidios e insensíveis, fora, cruel e injustamente, crucificado e mesmo acossado por dores lancinantes, do alto da cruz que sustentava seu corpo combalido, num esforço supremo, destinando seu olhar para os céus dissera, repleno de compaixão:

— Pai, perdoai-os, porque não sabem o que fazem.

Terminada a sua emocionada elocução que incitara, todos, de lá e de cá, a refletir sobre as benesses do perdão, Rubens notara inquestionável alteração no semblante do algoz de Maria Teresa. Sua expressão modificara-se profundamente.

Comovido, não conseguindo evitar que lágrimas sentidas percorressem suas faces espirituais, traduzindo o arrependimento que viera ao seu encontro, arrefecendo a mágoa, o ressentimento e a revolta que há muito tempo lhe faziam teimosa e angustiante companhia, predispora-se a agasalhar, definitivamente, o perdão na sua mais funda intimidade.

O médium, com os olhos voltados para aquele Espírito espicaçado pela dor do remorso, como se a ele estivesse concedendo o indulto dos céus pelos males que houvera provocado à senhorinha, insuflara-lhe, pelas veredas do pensamento, a coragem para mudar seus passos, seguindo por outros caminhos, tendo o amor como definitiva companhia.

Quase a desfalecer de comoção, o até então verdugo de Maria Teresa rendera-se ao doce apelo do perdão, sendo carinhosamente amparado pelos Espíritos presentes, que o conduziram, vencido, em direção a uma colônia espiritual para ali receber caridosa assistência.

Após as vibrações, que Natália fizera com indizível ternura e a prece final, que Carlos proferira, as luzes foram acesas quando todos entrelaçaram os olhares, delatando a paz que estavam experimentando naquela inolvidável oportunidade.

Em seguida, saboroso chá com biscoitos foram servidos a todos que, após breves colóquios a respeito dos tesouros espirituais que naquela noite lhes haviam sido ofertados, despediram-se, fraternalmente, aguardando novo ensejo para outro gratificante reencontro.

A partir daquela memorável noite, Maria Teresa não fora mais fustigada por aqueles incômodos pesadelos, o que lhe possibilitara, pouco a pouco, recobrar a alegria e o bom humor que, há um bom tempo, haviam-na abandonado.

Norma e Walter, por sua vez, pressentiam que, gradativamente, a paz estava retornando ao seio da família e, com ela, a esperança de um melhor porvir.

Os jovens Gaspar e Maria Teresa encontravam-se a miúde, dando asas aos nobres sentimentos que os viera abraçar, sentindo-se como se já se conhecessem, a pretérita data, como se as suas almas há longo tempo já estivessem entrelaçadas tais as afinidades que mutuamente deixavam transparecer.

Na segunda-feira seguinte, todos se reencontraram na residência de Carlos e Natália para desfrutarem de novos momentos de espiritualidade.

Rubens, que somente haveria de partir para São Paulo na manhã do próximo dia, permanecera hospedado na residência do casal, ali estando presente para participar de mais uma profícua reunião.

Depois das tradicionais saudações e amistosos e breves diálogos, a sessão espírita tivera início.

Após a prece inicial, feita por Natália, Carlos passara a leitura do Evangelho, quando Rubens vira adentrar o recinto, amparado por amigos do além, aquele mesmo Espírito que, semana passada, ali estivera.

Desta feita, o médium notara que a fisionomia do ex-algoz de Maria Teresa havia mudado, pois a austeridade e revolta que, naquela oportunidade, denotava, haviam desaparecido, cedendo seus lugares a um indizível sentimento de resignação que dava novos contornos às suas faces espirituais.

Ainda abalado pelas emoções que, desde a semana passada, ainda não o haviam abandonado, conduzido pelos Espíritos que o protegiam, fora levado para bem próximo do médium, postando-se, amparado, ao seu lado.

Tão logo terminaram as apreciações acerca do trecho lido do Evangelho, o silêncio se fizera presente, permanecendo todos aguardando, respeitosamente, que algum Espírito amigo viesse manifestar-se, presenteando-os com os seus ensinamentos.

Enquanto isto, alguns poucos instantes foram suficientes para que Rubens captasse, mentalmente, a mensagem emocionada do ex-algoz que, com indiscutível dificuldade, implorava-lhe para que viesse a transmitir à jovem Maria Teresa o seu pedido de perdão pelos males que lhe havia causado.

O copioso pranto impediu-o de continuar o colóquio mental que até então mantinha com o médium, sendo, imediata e calmamente, levado pelos Espíritos que o assistiam, para outras paragens, onde pudesse, aos poucos, refazer-se.

Rubens, médium experiente, mantivera-se calado, captando e guardando para si a mensagem, esperando uma oportunidade mais propícia para que pudesse, discretamente, comunicá-la à senhorinha.

Logo após, Rubens passara a grafar no papel mensagem ditada pelo seu mentor, a qual exaltava a alegria do reencontro, aqui na Terra, de duas almas afins, das afeições despertadas e com elas as responsabilidades a serem assumidas, enfim, as missões a que, mutuamente, se comprometeram levar a cabo e que haviam pactuado quando ainda se encontravam na pátria espiritual.

Assim relatava, em suas linhas finais, presenteando a todos:

"Ao perseverarmos nas veredas do bem, haveremos de desfrutar a doce companhia do Cristo Jesus em nossos corações, florindo as estradas por onde os nossos pés haverão de trilhar, perfumando as nossas almas com os seus ensinamentos, para que venhamos a adornar o mundo com as nossas presenças, amainando o padecer dos nossos irmãos necessitados para, enfim, alçarmos novos voos conquistando, em definitivo, a verdadeira paz."

Logo após Helena proferir a prece, dando por encerrada a sessão, o médium passara a ler a mensagem que há pouco havia recebido, comovendo, a todos.

Enquanto os confrades saboreavam o café e os biscoitos oferecidos pelo casal de anfitriões, Rubens se aproximara de Gaspar e Maria Teresa. Educada e delicadamente, unindo as suas mãos, lhes presenteara com a mensagem que acabara de grafar, provinda dos céus, descortinando para os jovens enamorados os caminhos que juntos haveriam de percorrer.

Em sequência, com muito tato e discrição, passara a descrever à senhorinha as cenas que a sua vidência lhe facultara.

Apesar das precauções que Rubens tomara, Maria Teresa não conseguira conter a surpresa que tal relato lhe causara. De pronto, não conseguira ligá-lo a nenhum fato que lhe houvera ocorrido, olvidando-se momentaneamente dos pesadelos que, até pouco tempo atrás, haviam-na indiscutivelmente perturbado.

Minutos depois das amistosas conversações, todos se despediram, agradecidos intimamente pelas benesses que os amigos espirituais, naquela noite, uma vez mais, haviam lhes concedido.

capítulo 17

Concluídos, satisfatoriamente, os assuntos profissionais que Gaspar viera tratar no Rio de Janeiro, sua presença ali não se fazia mais necessária, razão pela qual se sentira compelido a retornar ao lar e rever, saudoso, seus queridos familiares, sem contudo deixar de sentir-se abraçado por inquestionável tristeza, pois haveria de separar-se, mesmo que por pouco tempo, da jovem Maria Teresa que, inquestionavelmente, havia se apossado do seu coração, iluminando a sua alma.

Sem a devida coragem para enfrentar o momento da despedida que, rapidamente se avizinhava, Gaspar adiara a sua partida para a noitinha do próximo domingo, pois assim haveria de desfrutar um pouco mais o doce convívio com a delicada senhorinha.

Na véspera da partida, o casal de enamorados, uma vez mais, reencontrara-se na residência de Maria Teresa, e depois das trocas de juras de amor, despediram-se, marcando o próximo encontro para o dia seguinte quando, a convite dos pais da jovem, ele, Gaspar, Helena, Augusto e Cristiane ali estariam para participar de um fraternal almoço, selando, em definitivo, a amizade que, há pouco tempo, os uniu.

Maria Teresa, já saudosa dos tantos e inesquecíveis momentos que feliz vivenciara em companhia de

Gaspar, deixando transparecer, por meio do semblante, a melancolia que dela se apoderara, despedira-se dos pais e encaminhara-se para o seu quarto, recolhendo-se, chorosa, ao leito.

Somente conseguira ser dominada pelo sono quando a madrugada já havia abraçado a bela cidade.

Ao adormecer, sonhara encontrar-se em região interiorana, rodeada por crianças que vinham ao seu regaço carentes de amor, beijando-a efusivamente, ao mesmo tempo que lhes retribuía o carinho a mancheias, deixando transparecer a alegria que de todos se apossava.

Vislumbrara o que parecera a presença de Gaspar ao seu lado, participando também daquelas cenas de inolvidável ternura.

Subitamente, as imagens desvaneceram-se e Maria Teresa, veramente comovida, despertara, ao mesmo tempo que os seus olhos marejados espelhavam a felicidade que, naqueles inenarráveis instantes, voluntariosa, viera-lhe ao encontro.

Somente bem mais tarde conseguira, uma vez mais, ser abraçada pelo sono reconfortante.

Durante o almoço do domingo, que transcorrera alegre e descontraído, em que a conversação amistosa fluiu com respeito e sensatez, os ponteiros do relógio, impassíveis, foram rodopiando, demonstrando as horas passarem, fazendo com que o momento das despedidas se aproximasse, fazendo-se acompanhar pela dor da separação, antessala da saudade.

Os enamorados, visivelmente tristes, dirigiram-se para o terraço, adornado por trepadeiras coloridas e perfumosas para, ali, naquele agradável ambiente, despedirem-se, deixando o amor fluir, por meio dos abraços e dos beijos ternurosos, delatando a afeição que deles se tornara inseparável companheira.

Lágrimas irrefreáveis banharam os seus rostos, mesclando-se, ao mesmo tempo que o silêncio absoluto se apresentara, quando somente a expressão dos olhares conseguia exprimir os mais puros sentimentos que experimentavam e que as palavras, por mais que se esforçassem, não eram capazes de traduzir.

Assim, aprisionados pelas doces teias do amor, trocando nobres promessas, abraçados, adentraram as dependências da casa para, em seguida, Gaspar despedir-se, seguindo ao encontro das suas obrigações e responsabilidades familiares.

Quando o jovem e seus anfitriões já estavam acomodados na condução que os aguardava e que, logo mais, os levaria à estação para as tradicionais despedidas, os acenos se fizeram presentes e, com eles, os corações de Maria Teresa e Gaspar deixaram extravasar a emoção que, naqueles momentos, os dominara.

Apesar da saudade que irreverente, a partir de então, invadira o seu coração, Maria Teresa traduzia por meio do semblante, a alegria que passara a desfrutar após ter conhecido o jovem Gaspar.

Seus pais, vendo-a assim feliz, passaram a ser visitados por uma paz que há tempos os havia esquecido.

Nos momentos em que os três se encontravam reunidos, vivenciando agradáveis conversações, o jovem era sempre carinhosamente lembrado, como se já fizesse parte da família.

Discorriam a respeito da simpatia e da educação que o rapaz deixara transparecer ao longo das ocasiões em que estiveram juntos, usufruindo bons momentos.

Seu escutar paciencioso, seu sorriso franco, acompanhados pelo olhar terno e cativante que adornavam o seu rosto, materializavam os tesouros da simplicidade que sua alma possuía e que, naquelas oportunidades, deixara transparecer.

Maria Teresa, por sua vez, denunciava as doces expectativas que pairavam na sua mente, imaginando-se desfrutando um feliz futuro ao lado do jovem que, sem contestação, havia raptado o seu coração.

À noite, o sono passara tranquilamente a enlaçá-la, fazendo-a recobrar, pouco a pouco, as energias físicas que, tempos atrás, houvera perdido. Aqueles sonhos terríveis haviam-na, de vez, abandonado, apaziguando, por consequência, a sua alma, outrora atormentada, predispondo-a para os dias que haveriam de vir.

Às tardes, terminadas as responsabilidades que assumira dentro do lar, Maria Teresa envolvia-se na leitura do *Evangelho segundo o Espiritismo*, permitindo que as palavras ali contidas, em sua essência, penetrassem em seu jovem coração, como se fossem águas cristalinas e puras a jorrar, incansavelmente, das suas páginas, lavando a sua alma, para que nela adentrassem o bom-senso e a sabedoria, acompanhados pela caridade, de mãos dadas com o amor.

Numa dessas tardes, em que se encontrava concentrada na leitura, delicadamente fechara o Evangelho, passando a recordar-se da última sessão espírita que havia participado em companhia de Gaspar na residência dos confrades Carlos e Natália, bem como do breve e palpitante colóquio que mantivera com Rubens, o médium.

Assim, passara a refletir sobre as noites de insônia e tormento que tempos atrás vivenciara, quando sonho malfazejo vinha em seu encalço, portando-lhe inquietação e temor.

Eram tais a nitidez e a realidade das cenas que se formavam durante o sono que, inspirada pela sua mentora espiritual, fora levada a pensar que aquele Espírito que se apresentava vociferando, maltratando-a, sem piedade, exibindo um rancor e um ódio irrefutáveis, talvez, em anterior encarnação, tivesse sido por ela, Maria Teresa, desprezado, fazendo com que, conturbado, a viesse acompanhar, com o único e malsão propósito dela vingar-se, sem nenhuma compaixão.

Assim meditando, a senhorinha não se apercebera de que seu antigo algoz, levado por Espíritos amigos, ali se fazia presente, ajoelhando-se aos seus pés e colocando suas mãos sobre as dela, com o olhar súplice, traduzindo sincero arrependimento, pedira-lhe perdão por todo o mal que lhe houvera infligido.

Imediatamente, Maria Teresa sentira-se abraçada por agradável torpor, como se mãos invisíveis lhe houvessem acarinhado, fazendo-a sentir-se, sem saber como, nem por quê, compadecida daquele Espírito que tempos atrás lhe perturbara o sono.

Envolvida, convencera-se de que ele, ignorando as leis do amor, por certo, desconhecia o perfume do perdão que ela, naqueles momentos inolvidáveis, o presenteava com toda a sinceridade do seu coração.

O ex-verdugo, convertido em convicto arrependimento, emocionado com o mimo espiritual que a senhorinha lhe ofertara, não conseguiu sustar as lágrimas que, atiçadas pelo remorso, vertiam sem tréguas, extirpando as mazelas que, há tanto tempo, se encontravam enquistadas no seu Espírito inconsequente e sofredor.

Veramente feliz com o presente que da jovem recebera, agradavelmente surpreso pelos inusitados sentimentos que brotavam, destemidos, do âmago da sua contextura espiritual, inquestionavelmente combalido pelas sensações que experimentava, amparado por amigos espirituais que o assessoravam, fora, delicadamente, retirado do local para receber a assistência de que se fizera merecedor, em região e local apropriados.

Lágrimas, replenas de emoções, também deslizaram pelas faces empalidecidas da jovem Maria Teresa, ex-Caroline, em perfeito conluio com as do seu ex-obsessor, o outrora, astuto e insensível Vincent, fazendo com que um pacto de indizível paz os envolvesse por completo.

O tocar da campainha trouxe-lhe de volta à realidade da vida carnal, desfazendo-se o encantamento que lhe havia feito doce companhia.

Rapidamente, Maria Teresa encaminhara-se até o portão para atender ao chamado, quando conhecido carteiro gentilmente lhe entregara uma missiva que a jovem, ansiosamente, procurou saber quem lhe havia enviado, regojizando-se ao constatar que fora Gaspar o emitente.

Exultante, célere, adentrara a residência chamando insistentemente por Norma, a fim de comunicar-lhe o fato.

Logo após, dirigira-se para o quarto com o propósito de tomar conhecimento do conteúdo da correspondência.

Ao abri-la, aderida ao papel, destacava-se delicada e veludosa pétala de rosa vermelha, como se o jovem enamorado a estivesse presenteando com parte do seu coração, referto de amor e de insistente e gostosa saudade.

Após tocar com os lábios o mimo recebido, Maria Teresa passara, com indisfarçável sofrigadão, a ler a carta, deleitando-se com o seu conteúdo, em que Gaspar delatava o amor que o enlaçara, abrasando o seu coração, maltratado por inseparável solidão.

Espargindo as alegrias com as quais sua alma saudosa deliciava-se, a jovem descera correndo as escadas para narrar à mãe o contexto da missiva para que, com ela, pudesse repartir o júbilo que dela se apoderara.

Emocionadas, abraçaram-se ternurosamente.

Norma, apesar de radiante, fora acossada por incômoda saudade, pois sua alma sensível, desde que conhecera o jovem Gaspar, convencera-se de que um dia, pelo laços do matrimônio, inapelavelmente, haveria de distanciar-se da filha querida, renunciando ao seu doce convívio que tantas alegrias lhe houvera proporcionado ao longo dos anos.

O restante do dia transcorrera sem mais novidades.

À noitinha, tão logo Walter adentrara o lar, Maria Teresa viera ao seu encontro, refugiando-se em seus braços, para, em seguida, colocá-lo a par das notícias que tanto a alegraram.

Após o prazeroso jantar, a família assentara-se ao redor da mesa para a realização do Evangelho no Lar que sempre acontecia nas noites de quarta-feira.

Precisamente às 20 horas, Maria Teresa fizera a abertura com a prece Pai-Nosso, seguindo-se a leitura do texto, feita por Norma, que abordara o tema "fora da caridade não há salvação".

Terminada a leitura, Walter passara a tecer as primeiras considerações sobre o texto lido, seguindo-se as apreciações de Norma e Maria Teresa.

Findos os comentários, Walter fizera as vibrações e, logo após, a prece de agradecimento, dando por encerrado o Evangelho da noite.

Norma, ao pegar a jarra d'água que se encontrava sobre a mesa, notara que incontáveis gotículas enfeitavam o líquido cristalino e precioso, fazendo-os crer o que de fato acontecera, que Espíritos amigos ali se encontravam e que, amorosamente, fluidificaram a água para que, ao bebê-la, todos pudessem desfrutar as suas inimagináveis benesses.

Mesmo terminado o Evangelho, a conversação seguira animada, pautando o mesmo tema, estimulando-os a colocar em prática as considerações de que há pouco haviam lido.

Com estes nobres propósitos cravados em seus corações, despediram-se, carinhosamente, encaminhando-se para as suas acomodações íntimas a fim de usufruírem merecido descanso.

Maria Teresa demorara-se para se deixar abraçar pelo sono, todavia, tão logo lhe viera ao encontro, sua alma voejara, desvencilhando-se do corpo físico que a mantinha cativa.

O mesmo ocorrera com Gaspar, a muitos quilômetros de distância.

Atraídas, suas almas reencontraram-se, radiantes, quando juras de amor emergiram, sinceras, deixando transparecer, por meio dos seus semblantes, o júbilo que experimentavam, incentivando-os a delinear as veredas que no futuro, juntos, haveriam de percorrer.

Na manhã do dia seguinte, quando todos saboreavam o tradicional desjejum, Norma comentara o carinho com que Augusto, Helena e Cristiane os presenteara, sentindo-se, por conseguinte, impelida a convidá-los para, oportunamente, virem com eles lanchar.

Intentava assim dar início a amizade que, ao que tudo indicava, iria alicerçar-se nos pilares da fraternidade, o que lhes possibilitaria, juntos, caminharem pelas veredas da redentora Doutrina dos Espíritos, exercitando-se na caridade e no amor.

Todos, imediatamente, concordaram com a ideia e, tão logo, Walter demandara ao seu trabalho, Norma telefonou para Helena, expondo-lhe o seu desejo, o qual fora alegremente recebido e, prontamente, aceito.

Pondo-se de acordo, marcaram o encontro para a próxima tarde de domingo, quando então as famílias haveriam de conhecer-se melhor, entrelaçando mais fortemente os seus corações. Assim ocorrera.

capítulo 18

Ao chegar ao seio da sua família, Gaspar fora recebido com muita alegria, ao mesmo tempo que os abraços e os beijos selavam aquele feliz reencontro, espantando a saudade que, durante toda a estada do jovem no Rio de Janeiro, não os deixara de perseguir e enredar.

Com o passar dos dias, prisioneiro das responsabilidades, o jovem não conseguira pôr-se a caminho pelas veredas espirituais que, inexoravelmente, o haviam seduzido.

Numa das noites, quando grafava sobre o papel doces palavras que iriam compor romântica missiva a ser enviada para Maria Teresa, onde também fazia menção às sessões espíritas de que ambos haviam participado, sentira-se incomodado por estar sendo negligente com o aspecto espiritual que tanto o impactara, pois desde a sua chegada à terra natal, nenhuma atenção havia dado a este respeito.

Assim, tão logo terminara a carta, tendo no coração a saudade da jovem que havia enfeitado a sua alma, Gaspar dirigira-se para a copa, a fim de tomar um copo d'água e refrescar-se.

Havia se recolhido mais cedo para escrever à sua amada e, ao descer as escadas e encontrar a irmã e os pais dialogando, alegremente, acabara por render-se ao agradável colóquio.

Era um sábado à noite e, antes de recolherem-se ao leito, comprometeram-se a ir à igreja, na manhã seguinte, para participar da missa que padre Mário presidia com toda a sua simplicidade e amor.

Assim combinados, desejaram-se boa noite, recolhendo-se para os seus íntimos aposentos.

No dia seguinte, logo após o desjejum, todos se destinaram à igreja.

Durante o percurso, passaram em frente à moradia de Mãe Benta e viram-na, como sempre, vestida de branco, cuidando do jardim que circundava sua modesta casa.

Quando dali se aproximavam, o ruído da charrete fizera com que Mãe Benta levantasse o semblante para apreciar quem por ali passava e, sem que houvesse mantido, em momento algum, qualquer contato mais estreito com os membros da família Prado, ofertara-lhes amistoso sorriso, pleno de simpatia, que delatava o perfume da modéstia que mantinha cativo na intimidade da sua alma.

Enredados que foram por este gesto incomum, espontaneamente, retribuíram-lhe o presente, ao mesmo tempo que Mãe Benta levantara a mão acenando-lhes, fraternalmente, como se já os conhecesse e lhes aguardasse a visita para breve.

Chegando ao seu destino, toda a família, respeitosa e atentamente, participara da missa que padre Mário presidira.

Terminada a celebração, após cumprimentarem o pároco, dirigiram-se para a saída da igreja.

Quando desciam os primeiros degraus, Gaspar fora vivamente surpreendido pela presença de Marta e seus dois filhos, José e Leonardo, aconchegados em seus braços, esmolando o pão de cada dia.

Atingido por fortíssima emoção, o jovem instintivamente encaminhara-se em direção àquela sofrida família sendo, espontaneamente, acompanhado por sua irmã.

Diante daquelas paupérrimas criaturas, com os olhos umedecidos pelas lágrimas, irrefreáveis, que a comoção lhe provocara, o jovem percebera que fora reconhecido pela pobre mãe que, apesar do calvário por que passava, a mercê da compaixão daqueles que por ali transitavam, lhe presenteara com fraternal sorriso, única propriedade que possuía e que, amorosamente, lhe ofertava.

Naqueles inolvidáveis instantes, Gaspar sentira uma mescla de piedade e de alegria que lhe invadiram as entranhas, pois os céus o fizeram vislumbrar as veredas que, a partir de então, haveria de percorrer e todas elas tinham tão somente um nome: caridade!

Extremamente comovido, segurara entre as suas, as mãos daquela sofrida mãezinha e as beijara com indescritível ternura.

Carlota, vivamente comovida por estar participando daquelas cenas insólitas, que jamais seu coração havia experienciado, com o rosto banhado pelas lágrimas, que dos seus meigos olhos brotavam, baixara a fronte e, silenciosamente, endereçara comovida prece a Maria, Mãe de Jesus, para que se apiedasse daqueles sofridos seres humanos, amenizando-lhes as agruras, esquecidos que foram pelo mundo e pela felicidade.

Gaspar, veramente compadecido e emocionado, sem nada dizer, pois sua voz emudecera, deixando que somente o seu coração falasse, depositara nas mãos de Marta considerável quantia que a ajudaria, por ora, a enfrentar sua dolorosa romagem.

Em seguida, os irmãos, sempre observados pelos seus pais, despediram-se daquela humílima família, direcionando-se para a charrete que os conduziria de retorno ao lar.

Tão logo os cavalos moveram-se, Carlota, profundamente apiedada, virara para trás e focando o seu olhar em direção àquelas infortunadas criaturas, fizera, espontaneamente, com as fibras mais íntimas da sua alma, sincera e audível súplica:

– Que Deus os ampare.

Caro leitor:

Naquele exato momento, invisível aos olhos humanos, uma tênue espécie de nuvem esbranquiçada, esgueirando-se por entre os lábios de Carlota, como que dando vida àquela súplica, encaminhara-se em direção a Marta e seus dois filhos, envolvendo-os, delicadamente, reconfortando a sofrida mãezinha, presenteando-a com um sentimento de paz e de esperança que há tempos não desfrutava.

Assim, toda a paupérrima família havia sido espiritualmente abraçada, sentindo-se, por conseguinte, encorajada a continuar, a prosseguir na sua triste e exaustiva romagem.

Enquanto esta belíssima cena se diluía no etéreo, a charrete distanciara-se do local, rumando ao seu destino.

Nuvens negras pairavam nos céus, anunciando que a chuva estava prestes a cair, lavando a terra, dando-lhe vida e verdor.

Acompanhada pelos relâmpagos e trovões, a tempestade se fizera presente, impossibilitando a família Prado de alcançar a sua residência que distava dali ainda alguns poucos quilômetros.

Sem condições de prosseguir, Gaspar estancara os animais.

Como se tudo houvesse sido planejado pelos céus, a charrete se encontrava bem em frente à humilde morada de Mãe Benta que, como se já os aguardasse, acenara-lhes com as mãos, convidando-os para ali adentrarem e protegerem-se da tempestade.

Imediatamente, todos deixaram a condução e correndo, precípites, albergaram-se na residência cujo perfume das flores, ali enclausurado, lhes dera as boas-vindas, como se os agradecesse pela repentina visita.

Mãe Benta, emocionada, já havendo escutado com os ouvidos da alma que iria receber visitantes, com simpático sorriso nos lábios, a todos procurara, dentro das possibilidades, acomodar.

Instantes após, trouxera-lhes toalhas para que pudessem enxugar-se, pois a chuva não os havia poupado.

Agradecidos, foram presenteados com chá quente de erva-cidreira para que pudessem espantar a friagem que os havia visitado.

A seguir, os sons de descontraída e gostosa conversação preencheram os cômodos da simples, porém, agradável habitação.

Neste espaço de tempo, o firmamento fora sendo vestido de um azul brilhante, limpíssimo, ao mesmo tempo que a chuva amainara, anunciando que em breve iria cessar, possibilitando a amorável família, enfim, pôr-se a caminho em direção ao lar.

Mãe Benta, conscientizando-se de que o tempo estava esvaindo-se, visando aproveitar-se da oportunidade daquela visita, dirigiu seu olhar para Gaspar e Carlota, dizendo-lhes, inspirada, com a voz embargada, plena de mansuetude e convicção:

– Irmãos queridos. O Pai de todos nós os convida ao trabalho em favor dos necessitados, para que, no transcorrer das suas vidas, a amorosa presença de Jesus seja uma constante em seus agora jovens corações. Arregassem as mangas e ponham-se a caminho, amparados sempre pelo Sublime Amigo.

Os irmãos, envolvidos por indescritível sentimento de paz que, voluntarioso, invadira a intimidade das suas almas, baixaram os semblantes, comovidos com as palavras que os seus ouvidos escutaram e que, docemente, seus corações, replenos de bondade e compaixão, recepcionaram.

Gaspar e Carlota entreolharam-se, lacrimosos, quando um abraço, carinhoso e fraternal, unira os seus corpos, entrelaçando as suas almas, comprometendo-se, silenciosa e mutuamente, a colocar em prática os conselhos que a humilde Mãe Benta lhes ofertara.

Seus olhos da carne não lhes facultaram entrever a cena ternurosa que se desenrolava no mais além, quando o Espírito Antero, ali presente, rodeado por brilhante halo de luz, alva-azulinea, fora abraçando, um por um dos presentes, depositando em seus corações todo o seu carinho, incentivando-os a continuar perseguindo a paz que somente o Cristo Jesus lhes poderia conceder.

Após as tradicionais despedidas e agradecimentos, quando todos já se encontravam acomodados na condução que os levaria ao destino, Mãe Benta lhes dissera, escancarando seu alvo e doce sorriso, que cativaria o mais frio dos corações:

— Jesus os acompanhe. Voltem logo!

Sem conseguirem atinar a respeito do verdadeiro significado que encerravam os aconselhamentos que há pouco lhes haviam sido destinados, partiram todos rumo ao solar. Durante todo o trajeto, o silêncio fora intrigante companhia da família Prado, que buscava desvendar os segredos que as palavras da Mãe Benta encerravam.

Logo após o saboroso almoço, assentaram-se todos na sala de estar para desfrutar a costumeira e agradável conversação familiar.

Gaspar, relatando os acontecimentos daquela insólita manhã, relembrara aos seus queridos que aquela sofrida família, albergada nos degraus da igreja, ele próprio já havia visitado, em sua humilde morada, tempos atrás, quando cavalgava, despreocupadamente, pelas redondezas da cidade.

Durante a exposição, seu coração compadecera-se, outra vez e, ao mesmo tempo que os seus olhos marejavam, sentira-se movido a fazer algo mais concreto em favor daquelas infelizes criaturas que, desde a primeira vez que as vira, lhes causaram tão fortes impressões.

Carlota, tomando para si a palavra, dissera verdadeiramente convencida:

— Mãe Benta parece que lê os nossos pensamentos, motivando-nos a colocar em prática o que os nossos corações estavam nos dizendo.

Feliz, Gaspar deixara que um sorriso referto de espontânea confiança emoldurasse os seus lábios, contagiando os presentes.

Em seguida, encaminhando-se em direção à irmã, após beijá-la ternamente na fronte, dissera carinhoso:

— Somente a tua sensibilidade, minha irmã, seria capaz de desvendar os mistérios que o Pai da Vida amorosamente nos destinara, incitando-nos a fazer pelos outros o que gostaríamos que para nós fosse feito.

Alcides e Clara, em silêncio, absorveram cada cena, cada palavra que ali se fizeram presentes, sentindo-se felizes pelos nobres sentimentos que os filhos possuíam, e que a bondade divina os havia premiado com suas amoráveis presenças.

E, assim, correram as horas daquele insólito e inesquecível domingo.

A segunda-feira chegara e, com ela, as responsabilidades de cada um.

Nos diálogos que Gaspar costumeiramente mantinha com sua irmã, o nome de Maria Teresa estava sempre presente, fazendo com que Carlota, mesmo sem conhecê-la, passasse a agasalhar em sua alma inquestionável simpatia pela moçoila, sentindo na intimidade do seu coração que aquela jovem haveria de trazer ao irmão a felicidade que ele tanto almejava.

Por volta das 11 horas daquela ensolarada manhã, o carteiro tocara a campainha da residência da família Prado. Carlota, rapidamente, dirigira-se até o portão para apanhar a correspondência.

Ao tê-la nas mãos, constatara que fora emitida por Maria Teresa, obviamente destinada ao irmão.

A espontânea alegria que viera ao seu encontro enfeitara o seu semblante e precípite, correndo, adentrara a residência para comunicar à sua mãe a agradável ocorrência.

Algumas horas depois, a família encontrava-se ao redor da mesa para desfrutar o tradicional almoço que, como sempre, Josefa preparara.

Na oportunidade, nada disseram a respeito da correspondência que Gaspar havia recebido, pois Carlota queria causar-lhe agradável surpresa e, para tanto, deixara sobre o leito do irmão a missiva que Maria Teresa lhe endereçara.

Por certo, ao usufruir o habitual descanso que costumeiramente fazia após o almoço, Gaspar haveria de vê-la e, feliz, tomaria conhecimento do seu conteúdo, que, sem dúvidas, iria alegrar o resto do seu dia.

Terminado o almoço, Carlota e Clara não se prolongaram nas conversações, pois estavam ansiosas para que Gaspar tomasse conhecimento da carta e, para tanto, retiraram-se o mais breve possível do local dirigindo-se aos seus afazeres, o mesmo acontecendo com Alcides, que já havia sido sigilosamente informado a respeito.

Gaspar, ao adentrar o quarto, logo notara sobre o leito a referida missiva e, alegremente surpreso, passara a lê-la com sofreguidão, deleitando-se com os saudosos e apaixonados pensamentos que a jovem Maria Teresa havia grafado sobre perfumado papel cor de rosa.

Após a leitura, visivelmente feliz e emocionado, descera rapidamente as escadas, qual fosse uma criança, para agradecer aos familiares a gostosa surpresa que lhe haviam proporcionado e, com todos, dividir a felicidade que seu coração, naqueles inolvidáveis momentos, experimentava.

Os minutos rapidamente se escoaram e com eles a alegria que os havia premiado, dando lugar às responsabilidades que os aguardavam.

À noite, logo após o jantar, Gaspar encorajara-se para fazer aos seus queridos uma proposição. Convidara-os para, no mês seguinte, passarem alguns dias na cidade do Rio de Janeiro quando, então, haveriam de conhecer Maria Teresa e seus familiares, matando assim as saudades que gostosamente o assediava.

Em silêncio, todos se entreolharam e mais do que as palavras, os sorrisos que enfeitaram os semblantes disseram, como se fosse audível, sim, ao convite que Gaspar lhes fizera.

Depois das habituais conversações que preenchiam os minutos e, às vezes, as horas, todos se dirigiram para suas íntimas acomodações para usufruírem do merecido descanso e Gaspar, também sonhar com ditoso futuro.

capítulo 19

A paróquia onde padre Mário militava possuía modestas proporções, o mesmo acontecendo com suas dependências íntimas que se constituíam de um dormitório, uma sala, cozinha e um sanitário, bem como pequeno, mas bem cuidado jardim.

Pela aparência externa do templo religioso, era patente as dificuldades que o pároco enfrentava para sua manutenção e, não fossem as constantes e caridosas iniciativas dos fiéis, a situação, por certo, seria ainda mais evidente.

Desde que conhecera Marta, José e Leonardo, padre Mário sentira por eles profunda compaixão e, apesar de empenhar-se em ajudá-los mais concretamente, não conseguira até então satisfazer o seu caridoso intento.

O melhor que fizera foi com que Jaime, o jovem que o auxiliava durante a celebração da missa, fosse buscá-los de carroça, todas as manhãs, se não chovesse, reconduzindo-os de volta ao casebre no final das tardes. Além disto, oferecia-lhes, logo ao chegarem, café com leite, pão, manteiga, e, por volta do meio-dia, modesto almoço e, no final da tarde, pequenas marmitas contendo alguns alimentos que lhes serviriam de jantar.

Todas as vezes que realizava qualquer atividade benemerente, quando então conseguia angariar alguma quantia para a manutenção da igreja, mesmo que pequena fosse, sempre dispunha de algumas poucas moedas para que Marta e os seus, de alguma forma, fossem precariamente ajudados.

Numa ensolarada manhã de domingo, padre Mário despertara disposto e convicto, para, de uma maneira mais eficaz, auxiliar aquela mísera família.

Logo após a celebração da tradicional missa dominical, Gaspar, acompanhado pelos seus familiares, encaminhara-se em direção ao padre, pois desejava falar-lhe.

Depois dos tradicionais cumprimentos, o jovem narrara ao vigário sua intenção de fazer algo mais concreto em favor daquelas três criaturas que comumente se encontravam assentadas nos degraus da escadaria da modesta igreja, esmolando, humildemente, no aguardo da caridade pública para que pudessem satisfazer as suas mais primárias necessidades e tão só sobreviverem.

Assim sendo, educadamente, propora ao vigário para que tentasse entrar em contato com o proprietário do terreno, situado nas proximidades da paróquia, verificando se o mesmo estava disposto a vendê-lo. Desta forma, ajudado pela família Prado, padre Mário poderia dele dispor para, em breve futuro, erguer algum tipo de construção e, assim, ampliar o seu trabalho caritativo, ajudando não só aquela mísera família, como também outros seres humanos esquecidos pela felicidade, que viviam na região, também em aflitiva penúria.

O religioso, fortemente impactado por aquela inusitada proposição, lembrara-se, de imediato, do pensamento que o assaltara, imediatamente após levantar-se, no sentido de realizar algo mais consistente, em favor de Marta, José e Leonardo. Assim sendo, o pároco deduzira, feliz, que o Pai de Infinita Bondade havia atendido ao seu nobre intento.

Imediatamente, aquiescendo a insólita e bem-vinda sugestão, dissera conhecer o proprietário do terreno, bom e abastado comerciante, propondo-se o mais breve possível com ele contatar, expondo o que o jovem acabara de sugerir.

Após rápida e agradável conversação, denotando todos a gostosa expectativa de que a proposta viesse a ser aceita, despediram-se otimistas, quando o padre Mário lhes dissera, sorrindo:

— O Pai de todos nós haverá de nos ajudar para que possamos estender os laços da caridade e assim auxiliar maior número de seus filhos necessitados, dando-lhes forças para prosseguir em suas penosas jornadas. Tão logo tenha notícias a respeito, espero que alvissareiras, me apressarei em comunicá-los.

Intimamente, o religioso propora-se, naquele mesmo dia, entrar em contato com o proprietário do terreno, tal era a ansiedade que o passara a fustigar.

A família Prado, ao dirigir-se para o solar, passando diante da residência de Mãe Benta, notara que a simpática e bondosa senhora não se encontrava na porta ou, como de costume, cuidando das flores, das trepadeiras, do jardim ou da higiene da humilde varanda da casa.

Carlota sentira incontrolável desejo de vê-la, abraçá-la e, envolvida por estes delicados sentimentos, pedira ao irmão que parasse a charrete, por alguns instantes, pois gostaria de cumprimentar Mãe Benta, tal a simpatia que lhe despertara ao acolhê-los, tempos atrás, em sua modesta morada, até que a tempestade passasse.

Gaspar, de pronto, atendera sua solicitação e todos, imbuídos do mesmo propósito, desceram do veículo que os conduzia, encaminhando-se em direção ao portão da casa. Em seguida, Carlota batera palmas, anunciando-se.

O portão estava entreaberto e, como ninguém viera atender o seu chamado, Carlota, inspirada, sentira-se impelida a adentrar a modesta residência. Os demais, automaticamente, seguiram-na.

Quando já se encontravam no interior da habitação, a jovem, resoluta, encaminhara-se em direção ao que imaginava ser o dormitório da Mãe Benta.

A porta estava semiaberta, permitindo que visse a bondosa preta velha deitada sobre o leito, o que lhe parecera, à primeira vista, estar apenas dormitando.

Silenciosamente, aproximara-se, quando, surpresa, constatara que Mãe Benta murmurava palavras desconexas e ardia em febre, delatando o mal-estar que dela se apoderara.

Carlota, imediatamente, apelara para os seus queridos, pedindo-lhes ajuda, logo a obtendo.

De imediato, a jovem dirigira-se para a cozinha e pegando um pano de louça, alvíssimo, o embebera em água fria, colocando-o sobre a testa da enferma, na expectativa de aplacar a temperatura física que a estava molestando.

Durante um quarto de hora, aproximadamente, auxiliada por sua mãe, Carlota fizera este trabalho de ir e vir, molhando o pano e colocando-o na fronte de

Mãe Benta, até que a febre, finalmente, dera indícios de que estava cedendo.

Enquanto Carlota e Clara tomavam estas providências, Gaspar e Alcides, prestos, dirigiram-se até o povoado, no sentido de buscarem o devido socorro.

Encaminharam-se até a igreja, à procura do padre Mário, na esperança de que pudesse auxiliá-los, indicando-lhes algum dos seus fiéis para as devidas providências.

O vigário ali não estava presente, porém, Jaime lhes indicara o local onde, provavelmente, haveriam de encontrá-lo.

Apressados, pai e filho demandaram para o local indicado.

Alguns poucos minutos após, encontravam-se diante de belíssima moradia quando, aliviados, viram o padre Mário, na varanda da casa, dialogando com um homem de meia idade que, a distância, lhes parecera bastante simpático.

Depois de serem notados e após o padre ter trocado algumas breves palavras com o referido senhor, este, amistosamente, lhes acenara, sinalizando-lhes para que adentrassem e fizessem-lhes companhia.

Gaspar, imediatamente, atendera ao convite e adentrara o solar, trazendo no semblante a preocupação que o abraçava.

Após os costumeiros cumprimentos, o jovem, pedindo-lhes desculpas pelo incômodo, passara a narrar-lhes o ocorrido com Mãe Benta, que também era por eles conhecida.

Enquanto Gaspar discorria sobre o fato, Rogério, um belo rapaz, beirando os 25 anos, saindo do interior da casa, veio juntar-se ao grupo e, atento, em silêncio, ouvira o rápido relato.

Naquele lugarejo não havia médicos e, somente 20 quilômetros adiante, na cidade grande, poderiam ser encontrados.

O jovem filho de Juvenal, o abastado comerciante com o qual padre Mário dialogava, inteirado dos fatos, dissera a Gaspar e Alcides que estava cursando o último ano de medicina, na cidade próxima, e que, de bom grado, predispunha-se a acompanhá-los, oferecendo-lhes, incondicionalmente, seus préstimos junto a enferma.

Imediatamente, todos partiram, céleres, em direção à residência da bondosa preta velha, chegando ao destino, cerca de um quarto de hora mais tarde.

Ali chegando, encontraram Mãe Benta, um tanto quanto refeita do incomodo que a acometera.

Após as habituais saudações, Rogério encaminhara-se em direção à enferma.

O jovem estudante permanecera calado por instantes, apenas observando a paciente, na tentativa de delinear um diagnóstico para o caso.

Carlota, percebendo sua indecisão, estabelecera amena conversação, quando Mãe Benta, já sorrindo, também participara, oferecendo maiores informações a Rogério, para que o jovem estudante pudesse melhor assenhorear-se da situação.

O diálogo aprofundara-se um pouco mais quando, finalmente, Rogério deduzira que a bondosa senhora fora objeto de uma provável intoxicação.

De fato, na noite anterior, Mãe Benta havia ingerido uma porção de carne com legumes que havia sobrado do almoço e, como não possuia geladeira, tudo levava a crer que a carne havia estragado e os legumes acabaram por camuflar o seu sabor, fazendo com que Mãe Benta ingerisse o alimento, provavelmente deteriorado e que, logicamente, provocara o indesejado mal-estar.

Convencido do seu diagnóstico, o jovem estudante fizera algumas recomendações a respeito, orientando Mãe Benta no sentido de ingerir muito líquido, a fim de que o corpo pudesse ser ajudado na sua tarefa de expulsar os elementos nocivos que, desagradáveis, a vieram importunar.

Carlota, inspirada pelos amigos espirituais ali presentes, pedindo permissão a Rogério, recomendara a ingestão de chá de erva-cidreira que, coincidentemente, a bondosa preta velha cultivava no quintal, nos fundos da casa. Sorrindo, Mãe Benta aquiescera a recomendação.

Logo após, quando todos se aprontavam para despedir-se, Mãe Benta, ex-Martine, tomando para si as mãos de Carlota, ex-Juliete e de Rogério, ex-René, emocionada, lhes agradecera pelo carinho e atenção de que fora alvo e, olhando-os ternamente, lhes dissera, esboçando um leve sorriso, repleno de convicção:

— Agora teve início a missão de caridade que os senhores irão, daqui para frente, empreender. Que Jesus os acompanhe e esteja sempre presente nos seus bondosos corações!

Naqueles momentos, um clima de espontânea simpatia acabara por enlaçar aquelas criaturas.

Minutos depois, quando estavam prestes a sair, já próximos ao portão, padre Mário, colocando a mão no ombro de Gaspar, comunicara a Juvenal que o jovem era o idealizador do projeto que, há pouco, tivera a oportunidade de expor-lhe.

Somente após marcarem um próximo encontro, para as oito horas da noite seguinte, na residência do comerciante, para tratarem do assunto já ventilado, é que as despedidas se fizeram presentes.

O comerciante, a princípio, indeciso quanto a proposta que o pároco lhe houvera feito, envolvido que fora pelo Espírito Antero, passara, pouco a pouco, a sentir-se inclinado a atender ao inesperado pedido, antevendo a possibilidade de também colaborar para a concretização de tão nobre aspiração.

Abraçado por estes pensamentos, silenciosamente, dirigira-se para a sua moradia, acompanhado por Rogério, também meditativo.

Minutos atrás, quando Mãe Benta colocara entre as suas, as mãos de Carlota e Rogério, ambos se sentiram estremecer, tendo a insólita impressão de já se conhecerem, apesar de nunca se haverem visto, e que, naqueles instantes, estavam apenas se reencontrando para seguirem juntos pelas veredas que a vida, por certo, lhes haveria de propor.

Sem se darem conta, Carlota e Rogério, estavam tão só reatando os laços de amor que, em encarnação passada, uniram os seus corações.

Gaspar, profundo conhecedor da personalidade da irmã, notara que Carlota fora, agradavelmente, impactada por aquele inesperado encontro com o jovem estudante. O restante do dia transcorrera sem maiores novidades.

Logo após o jantar, fatigados, os integrantes da família Prado recolheram-se ao leito, para refazer-se das emoções vivenciadas naquele ensolarado domingo, exceto Gaspar que permanecera na sala de estar, refletindo, delineando o seu futuro ao lado da jovem Maria Teresa, que havia, inquestionavelmente, se apossado do seu coração.

Carlota e Rogério não conseguiram conciliar o sono, agradavelmente fustigados pelas emoções que os haviam visitado naquela inesquecível manhã.

Não conseguindo adormecer, Carlota dirigira-se à cozinha, a fim de tomar um pouco de água, pois estava sedenta, encaminhando-se, em seguida, para a sala de estar, esperançosa de que, dali a instantes, o sono a viesse buscar.

Ali chegando, notara a presença do irmão, também acossado pela insônia que, indiferente aos seus apelos, o mantinha refém.

Após carinhoso beijo, depositado na fronte do irmão, ambos passaram a entretecer palpitante diálogo.

A certa altura da conversação, Gaspar, esboçando um sorriso simpático e ao mesmo tempo malicioso, dissera a Carlota, carinhosamente provocador:

— Parece-me que o seu coração fora atingido por flecha invisível, fazendo com que dele aflorassem incontroláveis sentimentos que jamais experimentara, não é, minha irmã?

Tentando disfarçar as emoções que, irrefreáveis, percorriam a intimidade da sua alma, Carlota, fazendo-se de desentendida, sem entretanto consegui-lo, lhe perguntara:

— Por que você está me dizendo isto?

Gaspar, mantendo o mesmo sorriso nos lábios, lhe respondera, delatando sua convicção:

— Meus olhos viram e o coração me segredara que o jovem estudante de medicina fora o causador deste inesperado acometimento.

Encabulada, com as faces ruborizadas, Carlota confirmava assim os insólitos sentimentos que, a partir do momento em que conhecera Rogério, passaram a fazer-lhe gostosa companhia.

Gaspar carinhosamente a abraçara, dizendo-lhe, em seguida, inspirado por Antero, seu guia espiritual:

— Por que se envergonhar destes tão nobres sentimentos?

— Meu coração não tem dúvidas de que este encontro não ocorrera por acaso mas, amorosamente, foi planejado no além, cujas razões por ora desconhecemos mas que, no futuro, haveremos de saber.

Carlota, comovida, com os olhos marejados e a voz embargada, disse-lhe, esperançosa:

— Oxalá suas palavras venham transformar-se em feliz realidade!

A seguir, olhando fixamente nos olhos da irmã, Gaspar complementara:

— Deixe estes doces sentimentos perfumarem a sua alma, confiando que o Pai de Infinita Bondade saberá ofertá-los a quem, verdadeiramente, se fizer merecedor.

Enfim, enlaçando a irmã pela cintura, encaminharam-se para os seus quartos onde o sono reparador já os acompanhava.

Rogério, por sua vez, como também havia sido esquecido pelo sono, não tendo com quem desabafar a comoção que o viera atiçar, permanecera tão só refletindo, desfrutando a doce imagem da senhorinha, que ficara gravada nos olhos da alma, enredando o seu jovem coração.

Assim pensando, acabara por ser vencido pelo sono, usufruindo das suas benesses.

No dia seguinte, Gaspar e Alcides aguardavam ansiosos o cair da noite para, enfim, poderem dirigir-se à residência de Juvenal, guardando a esperança de que haveriam de concretizar o sonho que, há pouco tempo, passaram a acalentar.

Finalmente, os ponteiros do relógio assinalavam um quarto de hora para as oito, quando Alcides e Gaspar pararam o veículo que os conduzia, diante da igreja de Santa Madalena, a fim de se fazerem acompanhar pelo padre Mário e seguirem rumo à residência de Juvenal.

Lá chegando, notaram, de imediato, a presença do comerciante e do filho na varanda da bela moradia, por certo, aguardando-os.

Tão logo avistara os visitantes, Juvenal acenara-lhes, amistosamente, sinalizando para que adentrassem, sem cerimônias, a acolhedora residência.

Após os cordiais cumprimentos, Gaspar notara que um certo ar de desapontamento viera visitar o semblante de Rogério, incitando-o a deduzir que, provavelmente, a ausência de Carlota era a responsável por tal frustração.

Em seguida, calmamente, encaminharam-se para a aconchegante sala de estar para, enfim, iniciarem o assunto que havia provocado o referido encontro.

Após amena e rápida conversação, Juvenal denotando no semblante um ar mais sério, acompanhado por uma ligeira palidez, que denunciava as emoções que percorriam a intimidade do seu ser, lhes dissera, com um tom de voz ligeiramente mais grave:

— Como todos os senhores devem ter conhecimento, felizmente, Deus Pai me presenteou com a moeda mais farta, conseguida, sem dúvidas, com muito trabalho e suor, pautados sempre pela honestidade que herdei dos meus falecidos pais.

— Desde a visita que fizéramos a casa da querida Mãe Benta, confesso, senti-me impelido a melhor avaliar a proposição que padre Mário me fizera no dia de ontem e hoje aqui me encontro, feliz, para comunicar-lhes o resultado das minhas reflexões.

— O terreno em questão, motivo desta reunião, dera ensejo para que nos conhecêssemos, propiciando-nos iniciar uma amizade que, pressinto, será agradavelmente duradoura.

— Em verdade, o referido terreno fora, há um bom tempo atrás, a primeira propriedade que meus saudosos pais adquiriram, pouco antes de decidirem fixar-se por estas paragens.

— Nos primeiros tempos, quando por aqui se radicaram, fora por meio do simples e trabalhoso plantio de hortaliças, naquele pedacinho de terra, que conseguiram sustentar a pequena família, da qual me tornara único filho.

— Levando em consideração o nobre empreendimento que tal propriedade haverá de sediar, visando homenagear os meus inesquecíveis genitores, decidi-me, de comum acordo com meu filho, pois sou viúvo, a doar o referido terreno para que a futura instituição se torne, em breve, concreta realidade, possibilitando a todos nós enveredar pelos caminhos da verdadeira fraternidade.

As fortes emoções fizeram com que lágrimas visitassem os olhos de todos os presentes, deslizando, discretas, pelas suas faces, delatando a felicidade que, naqueles momentos, lhes viera fazer companhia.

Caro leitor:

Sem o saberem, todos eles estavam tão só dando continuidade, aqui na Terra, ao que haviam planejado quando ainda se encontravam no mundo dos espíritos.

Liderados por Antero, os demais Espíritos também ali presentes regozijaram-se, abraçando-se, efusivamente, pois haviam conseguido, com intenso e denodado trabalho, reunir aquelas criaturas naquelas plagas, assim como, inspirá-las para que viessem a concretizar a missão a que se haviam proposto quando ainda se encontravam na erraticidade.

Gaspar, comovido, enlaçado que fora pela caridosa atitude que Juvenal acabara de tomar, dissera, pleno de convicção:

— A partir deste inolvidável momento, eu e meu pai nos comprometemos a arcar com todas as despesas para a construção da futura instituição.

Dirigindo seu olhar para Alcides, que deixava fluir dos lábios confiante sorriso, Gaspar pudera constatar que suas palavras ecoaram no coração do seu genitor, conseguindo, assim, seu imprescindível aval.

A conversação prolongara-se gostosamente e, quando os visitantes estavam prestes a se despedir, Rogério retirara-se da sala, retornando alguns poucos minutos depois, demonstrando certa ansiedade que o seu semblante não conseguia disfarçar.

Logo após, as despedidas se fizeram presentes.

Ao acompanhar os visitantes até o portão, quando Alcides e o padre Mário já se encontravam no interior do veículo que iria levá-los aos seus destinos, Rogério resoluto e encabulado, porém cheio de coragem, dissera a Gaspar:

— Desculpe-me o atrevimento. No dia de ontem, ao conhecer Carlota, meu coração fora alvo de um inusitado sentimento de carinho e de proteção, para com a sua meiga pessoa e que, jamais, havia experimentado por qualquer outra criatura.

— Por esta razão, gostaria de fazer-lhe um pedido, que você tem todo o direito e a liberdade de recusá-lo, tal a ousadia do mesmo.

— Sinto-me verdadeiramente encabulado, entretanto, enredado por um desejo que não consigo dominar, tal a sua intensidade, venho pedir-lhe para que faça chegar às mãos de Carlota este bilhete, cujo conteúdo é a mais legítima expressão das emoções que, desde ontem, após conhecê-la, passaram a me acompanhar.

— Como você pode notar, sinto-me constrangido por estar tomando tão intempestiva atitude e só o faço receoso de adiar, até sabe quando, a oportunidade de conhecê-la e desfrutar a sua presença que abalara as fibras mais profundas do meu coração.

Gaspar, convencido da verdade que aquelas palavras encerravam e que fluíam, com indiscutível espontaneidade, dos lábios do jovem aspirante de medicina, próprias das criaturas que agasalham no coração o tesouro da sinceridade, sorrindo, estendera a mão e pegara o bilhete, dizendo, cordialmente:

— Terei muito prazer em fazê-lo.

Rogério, ainda com as faces enrubescidas, inquestionavelmente surpreendido consigo mesmo, pela atitude inesperada e inabitual que acabara de tomar, despedira-se de Gaspar, permanecendo absorto em frente ao portão, até que o veículo conduzindo os visitantes dobrasse a esquina. Somente, então, adentrara o lar.

Após cumprimentar o pai, Rogério dirigira-se para o quarto, criticando silenciosamente o seu irrefreável e emocional proceder do qual fora atrevido artífice.

Caro leitor:

Na verdade, Espíritos ali presentes que assistiam e assessoravam o desenrolar das negociações, estimularam o jovem estudante a entregar o bilhete para Gaspar, dando seguimento ao que havia sido planejado quando ainda se encontravam do lado de lá, aguardando nova e esperançosa reencarnação.

Amainadas as emoções de que fora alvo, Rogério acabara por adormecer.

Tão logo Gaspar adentrara o elegante solar da família, Carlota, sorrindo, mais parecendo uma menina, viera-lhe ao encontro, ávida por notícias a respeito do empreendimento e sobre Rogério, sem conseguir conter a ansiedade que transbordava da sua alma.

Gaspar, segurando carinhosamente a mão delicada da irmã, nela depositara o bilhete que haveria de se tornar um marco inapagável na vida de Carlota e de Rogério, dando ensejo para que consumassem aqui, neste planeta azul, os compromissos que, há tempos, quando ainda se encontravam radicados no plano espiritual, haviam mutuamente assumido.

Sorrindo, Gaspar lhe dissera:

— Faço-me portador de um presente que, carinhosamente, lhe enviaram.

Deduzindo que Rogério haveria de ser o autor, Carlota sentira aceleraram as batidas do seu coração e, comovida, apertando o bilhete junto ao peito, partira célere, subindo as escadas em direção ao seu quarto, ansiosa para tomar conhecimento do seu conteúdo.

Ao abri-lo, passara a lê-lo com indiscutível sofreguidão.

O desenho das letras delatavam a tremulez da mão que, em algum momento, as grafaram sobre o papel, evidenciando as fortes emoções que o seu autor experimentara.

Assim dizia o bilhete:

"Desde o instante em que a vi, meu coração passara a bater mais rapidamente, ansioso para melhor conhecê-la e desfrutar da sua doce companhia. Amanhã partirei para a cidade grande, porém, no próximo domingo, estarei de volta e, por esta razão, tomo a carinhosa liberdade de convidá-la a encontrar-se comigo na missa das dez, na igreja de Santa Madalena".

Durante a leitura, lágrimas abundantes afloraram dos lindos olhos de Carlota, precipitando-se sobre o papel, transfigurando as letras que, a partir de então, ficaram gravadas tão somente nos esconderijos da sua alma.

capítulo 20

Finalmente, o domingo chegara.

Por volta das dez horas da manhã, toda a família Prado já se encontrava acomodada no interior da igreja, aguardando o início da missa.

Carlota, assentada ao lado do irmão, não conseguia esconder as fortes emoções que transitavam no interior da sua alma, aguardando, ansiosa, o momento em que haveria de reencontrar-se com Rogério.

Gaspar, percebendo as sensações que rondavam o coração da irmã, delicadamente, pegara em suas mãos, sentindo-as frias, umedecidas pelo suor da inabitual expectativa.

Aproximando os lábios dos ouvidos de Carlota, dissera-lhe, em baixo tom de voz:

— Acalme-se, minha irmã. Acabo de ver Rogério entrar pela lateral da igreja e seus olhos percorreram, ansiosos, as dependências do templo e, não tenho dúvidas, esperançosos de logo encontrá-la. Provavelmente, o coração do jovem deverá estar batendo no mesmo compasso que o seu.

Ditas aquelas palavras, Carlota sentira arrefecer um pouco as apreensões que a acossavam e olhando ternamente para Gaspar, sem emitir uma só sílaba, seus olhos falaram por si, agradecendo ao irmão a calma que tentara transmitir-lhe, sem entretanto, apesar dos seus esforços, não haver conseguido de todo o seu intento.

Durante o transcorrer da liturgia, Carlota demonstrara impaciente expectação, não vendo a hora de reencontrar aquele que lhe havia roubado o coração.

Ao final da missa, quando os componentes da família Prado, como sempre, dirigiam-se ao encontro do padre Mário para cumprimentá-lo, Rogério os acompanhara a distância e tão logo surgira a oportunidade, deles se aproximara, saudando-os cordialmente.

Em seguida, descansando o olhar no semblante de Carlota, exteriorizando a emoção que experimentava, a moçoila retribuira-lhe com intensidade, delatando as mesmas sensações que também a visitavam.

Percebendo que o casal gostaria de trocar a sós algumas palavras, Gaspar colocando as mãos sobre os ombros dos pais, induzira-os a acompanhar o padre até a sacristia, a fim de que pudessem entretecer algumas considerações a respeito do compromisso que dias atrás haviam assumido, juntamente com Juvenal.

Cerca de 40 minutos haviam passado quando Gaspar iniciara as despedidas junto ao pároco, convicto de que Carlota e Rogério tinham tido tempo suficiente para melhor conhecerem-se.

Ao saírem da igreja, todos partiram rumo aos seus respectivos destinos.

Naquele domingo garoento e frio, Marta e seus dois filhos não se fizeram presentes na escadaria do modesto templo religioso.

Sem maiores novidades os dias foram passando e, enquanto Juvenal providenciava os documentos para oficializar a doação do terreno, Gaspar consultava alguns profissionais do ramo da construção, informando-se das providências que, em breve, haveriam de ser tomadas e o consequente montante, em dinheiro, que haveria de dispor.

Na pobre residência de Marta, Leonardo e José, os dias escorriam, monótonos, tristes, pesarosos.

Com o passar do tempo, Marta fora notando que Leonardo mantinha-se, quase sempre, absorto em íntimos pensamentos, sem emitir os habituais grunhidos que irritavam os ouvidos impacientes, mas que aos pacientes ouvidos da sua abnegada mãe soavam como se fossem acordes de triste melodia fazendo extravasar os sentimentos que sua alma sofrida experienciava.

Num final de tarde, quando banhava seus queridos, Marta notara manchas avermelhadas em alguns pontos do corpo franzino de Leonardo, porém, não dera muita importância ao fato.

Dias depois, agravara-se o problema quando, então, extremamente preocupada, informara o bondoso padre Mário que, sem delongas, dirigira-se à residência de Juvenal, esperançoso de lá encontrar o jovem Rogério que, por certo, haveria de ajudá-lo, atendendo ao pequeno enfermo.

Era uma manhã de sábado e, portanto, o jovem estudante ali estava presente, desfrutando a agradável companhia do pai que tanto estimava.

Assim sendo, minutos após, o pároco se encontrava no interior do solar de Juvenal, explanando os fatos, solicitando os caridosos préstimos de Rogério.

O jovem, imediatamente, colocara-se à disposição do pároco, e sem perda de tempo, céleres, demandaram ao encontro do doente.

Gaspar e Carlota, tão logo foram informados por Jaime a respeito do que estava ocorrendo com Leonardo, locomoveram-se, rapidamente, em direção à igreja, ali chegando, ao mesmo tempo que lá aportavam padre Mário e Rogério.

Ao se aproximar do enfermo, além das manchas vermelhas, Rogério localizara lesões bolhosas, algumas das quais já se haviam rompido, formando crostas que se espalhavam pelo tórax e ombros.

Em vista do quadro que se desnudava diante dos seus olhos, o jovem estudante não teve dúvidas em afirmar que a doença denominada "Pênfigo Foliáceo", popularmente conhecida como "Fogo Selvagem", havia cruel e inapelavelmente se instalado no organismo físico, já bastante debilitado, do pequeno infeliz, provocando-lhe atroz sofrimento que, em silêncio, heroicamente suportava.

Após ministrar ao paciente os socorros de que dispunha, Rogério, rapidamente, dirigira-se para a sua residência, na expectativa de poder manter contato telefônico com um dos seus professores de medicina, esperançoso de que este pudesse providenciar a internação de Leonardo em hospital, para assim aliviá-lo dos padecimentos que o açoitavam sem nenhuma piedade.

Rogério, ditoso, conseguira o seu intento, marcando para a manhã do dia seguinte a internação do jovenzinho em uma instituição hospitalar.

Os corações de todos ali presentes foram alvejados pela compaixão e, ansiosos, aguardavam que as horas passassem, com rapidez, para que a esperada internação se concretizasse.

Assim, formando um verdadeiro conluio de amor, os integrantes da família Prado, Rogério, Juvenal e o padre Mário, destinaram ao Pai Celeste comovida prece, suplicando-lhe compaixão para com aquela criaturinha, que, durante toda a sua curta existência, tivera a dor por incômoda companhia, não lhe dando tréguas um instante sequer.

Quando as primeiras claridades do dia timidamente enfeitavam o horizonte, Marta fora despertada pelos grunhidos agudos de Leonardo, denunciando os sofrimentos que o espezinhavam.

Aproximando-se do leito, onde se encontrava o enfermo, Marta percebera que a sua respiração estava sendo feita com imensa dificuldade.

O peitinho de Leonardo arfava, sem parar, na ânsia de buscar o ar que, arredio, não escutava o seu suplicante chamamento.

A aflição era tanta, que as suas narinas abriam-se desmesuradamente, em busca do oxigênio, no tentame de preservar a vida que parecia dele se despedir.

Seus olhos esbugalhados, desesperadamente, pediam socorro à sua mãezinha, na expectativa de que ela pudesse amainar os sofrimentos, inenarráveis, por que passava, devolvendo-lhe a tranquilidade e a paz que lhe pareciam tão distantes.

Súbitamente, como que encantado por deslumbrante paisagem, seus olhos passaram a denunciar inconteste serenidade que suavemente o viera visitar, enquanto que o seu semblante acabara por expulsar as incômodas tensões que instantes atrás o maltratavam, exteriorizando a paz, veramente inenarrável, que passara a experimentar.

Sua respiração, antes ofegante, acalmara-se, ao mesmo tempo que seus lábios, abandonando os habituais esgares, esboçaram um leve sorriso que acabara por adornar as suas feições, até a pouco desesperadas, denotando indiscutível aflição.

Seus pulmões, momentaneamente, preencheram-se de ar, como se estivessem preparando-se para dar o derradeiro suspiro, libertando Leonardo daquele enfermo arcabouço de carne, que, entretanto, lhe dera ensejo para que sua alma pudesse redimir-se dos erros do passado, iniciando uma longa caminhada em direção aos ternos braços de Jesus.

Nesse exato momento, endereçando o seu olhar até encontrar os olhos umedecidos de Marta, haurindo forças invisíveis, levantara, com inaudito esforço, sua mão e, suavemente, acarinhara o rosto da sua mãezinha, delatando o seu agradecimento por todo o amor que ela lhe dedicara durante sua sofrida romagem terrena.

Assim, Leonardo, antes de cerrar os olhos para este mundo, que só lutas e sofrimento lhe ofereceu e que, resignada e estoicamente suportou, conquistando o galardão da vitória sobre si mesmo, com a voz perfeitamente audível, entrecortada de emoção, como se o seu Espírito não estivesse mais prisioneiro daquele corpo, enfermiço e débil, dissera:

— Obrigado por tudo, mãezinha do meu coração!

Imediatamente após pronunciar estas comovidas e inesperadas palavras, Leonardo, ex-Maurice, o cruel inquisidor, fechara definitivamente os olhos, despedindo-se da vida que lhe fora indiferente e duro algoz, libertando-se do veículo físico enfermo que, durante anos, lhe servira de dorido e redentor calabouço.

Marta, apesar de ter a alma calejada pelos sofrimentos que, ao longo da sua romagem terrena, tivera de heroicamente enfrentar, sentira a lâmina afiada da dor rasgar-lhe as entranhas, cujas lágrimas escorregando pelas suas faces foram as únicas testemunhas de mais este triste capítulo da sua existência.

Bem cedo, Gaspar e Carlota acompanhados pelo padre Mário se fizeram presentes na humilde moradia da pobre mulher para encaminharem o jovenzinho Leonardo para o hospital da cidade grande, conforme havia sido combinado no dia anterior, quando então, estarrecidos, tomaram conhecimento da funesta ocorrência.

A consternação de todos se apossou, e lágrimas mescladas de tristeza e de piedade acabaram por banhar-lhes os rostos, empalidecidos pelas emoções que haviam acabado de vivenciar.

Em verdade, as orações que todos endereçaram ao pobre infeliz contribuíram para que os seus padecimentos fossem amainados, quando então, amigos espirituais que acompanhavam os últimos momentos de vida de Leonardo interviram, providenciando o caridoso desligamento do seu Espírito daquela carcaça enferma, dando assim cumprimento ao que já estava previsto no além.

Caro leitor:

O pequeno Leonardo, iria permanecer encarnado durante mais alguns meses. Entretanto, levando-se em consideração a evolução que sua alma demonstrou durante todo o seu calvário aqui na Terra, suportando com coragem e resignação a carga de sofrimentos que, para si próprio, houvera projetado pelos desvarios cometidos em encarnação anterior, acabara por receber de esferas espirituais mais elevadas o merecido indulto, poupando-o de novos tormentos, pondo um ponto final na sua dorida romagem.

Após o sepultamento de Leonardo, Gaspar e Carlota acompanharam a inconsolável mãe até a sua morada, pois pretendiam com ela dialogar, a respeito do seu futuro e do menino José.

Lá chegando, devidamente acomodados no banco tosco que ficava bem ao lado do fogão à lenha, deram início a amena conversação.

Em certo momento do diálogo, Gaspar, encaminhando o seu olhar em direção a Marta, lhe dissera, pleno de carinho e consideração:

— Minha senhora. Tendo em vista as indiscutíveis dificuldades e os profundos dissabores que a vida tem-lhe reservado, viemos até aqui, eu e Carlota, para fazer-lhe um sincero convite.

— É do nosso agrado que a senhora e José viessem instalar-se, por algum tempo, em nossa propriedade, a fim de que venham a recuperar-se dos abalos emocionais sofridos, recobrando as energias para que possam continuar, corajosamente, em suas difíceis jornadas.

Marta, surpreendida e sensibilizada pela fraternal proposta, um tanto quanto encabulada, humildemente tentara esquivar-se do convite. Todavia, Carlota, utilizando-se de doces palavras, da ternura do seu olhar e do carinho das suas mãos, conseguira enfim convencê-la.

Assim, ficara combinado que dali a dois dias viriam buscá-los, juntamente com os seus modestos pertences.

capítulo 21

Um mês havia transcorrido desde aqueles tristes acontecimentos quando todos os integrantes da família Prado, conforme se haviam proposto, viajaram para a cidade do Rio de Janeiro.

Os objetivos de Gaspar não eram apenas os negócios que ali mantinha, mas, principalmente, fazer com que Alcides, Clara e Carlota viessem a conhecer Maria Teresa e seus pais, esperançoso de que pudessem fraternalmente entrosarem-se, visando para o amanhã a comunhão das duas famílias, tendo como elo, a união harmoniosa do casal de enamorados.

Numa belíssima manhã, antes que o trem estancasse suas rodas diante da estação, dando como finda a viagem, Gaspar externando radiante felicidade, notara, através da janela do vagão, que Maria Teresa, Cristiane e seus respectivos pais já aguardavam, sorridentes, a chegada dos visitantes para dar-lhes as costumeiras boas-vindas.

Unidos pelos liames do amor, os olhares de Gaspar e Maria Teresa entrecruzaram-se no espaço, deixando que as emoções extravasassem, expondo as alegrias, indefiníveis, do tão esperado reencontro.

Ao descerem do comboio, os componentes da família Prado ofertaram e receberam abraços, plenos de espontaneidade, sendo a tônica daqueles agradáveis momentos.

As cenas que ali se desenrolaram tiveram como pano de fundo a doce fraternidade que a todos envolvera, fazendo-os sentir-se como se já se conhecessem de longas datas, perdidas na esteira do tempo e que, naqueles instantes, apenas reativavam sentimentos que seus corações traziam cravados em suas intimidades.

De mãos dadas, trocando discretos e delicados carinhos, Gaspar e Maria Teresa conseguiram amenizar as saudades que, há tempos, não lhes deixava um momento sequer.

Após alguns breves minutos de prazerosa conversação, o casal Walter e Norma convidara a todos para um jantar de congraçamento, naquela mesma noite, em sua residência, com o que de pronto concordaram.

Em seguida, os visitantes, acompanhados por Augusto, Helena e Cristiane, encaminharam-se para a residência destes seus anfitriões, enquanto Maria Teresa e seus pais tomavam a mesma iniciativa, dirigindo-se para a sua moradia.

Antes, porém, das breves despedidas, Gaspar, não conseguindo resistir aos encantos da jovem, aproximara-se uma vez mais de Maria Teresa dizendo-lhe que, tão logo estivesse devidamente instalado na residência de Augusto e Helena, se apressaria em encontrá-la, a fim de passearem pelas calçadas da praia, desfrutando amoráveis momentos, enquanto aguardavam a chegada da hora do jantar quando as três famílias haveriam de estar reunidas, semeando os frutos da despretensiosa amizade.

Finalmente, os enamorados decidiram despedir-se, aguardando, com visível ansiedade, o momento em que haveriam de reencontrar-se.

Conforme o prometido, por volta das 16 horas, Gaspar, sem perda de tempo, destinara-se a residência de Maria Teresa que, ansiosamente, já o aguardava.

Tão logo chegara, fora carinhosamente recebido pela jovem, que o fizera entrar, conduzindo-o até onde se encontravam seus pais para que pudesse saudá-los.

Após prazerosa e breve conversação, o jovem casal despedira-se, encaminhando-se em direção à orla marítima a fim de usufruir momentos de encantamento, matando as saudades que há tempos fazia-lhes teimosa, porém, agradável companhia.

Enfim, a noite fora aproximando-se de mansinho, trazendo com ela os minutos, sinalizando que a hora do jantar havia chegado.

Durante a saborosa refeição, que Norma preparara com todo o esmero, os diálogos fluíram, educadamente animados, fazendo com que os corações se entrelaçassem num clima de inconteste harmonia e amizade.

Terminado o jantar, quando todos os convidados e os anfitriões já se encontravam acomodados nas poltronas da espaçosa e elegante sala de estar, Gaspar pedira-lhes licença para falar.

Com palavras doces, refertas de amorosa sinceridade, relatara a saudade que o houvera perseguido durante todo o tempo em que estivera afastado da senhorinha. Em vista disto, sentia-se impelido a pedir Maria Teresa, formalmente, em namoro, solicitando aos seus pais que lhe concedessem a permissão, já que a jovem agasalhava no coração os mesmos sentimentos que os seus.

Complementara dizendo, convicto, que as suas palavras e atitudes estavam envolvidas pelas mais sinceras intenções, pressentindo que ambos, ele e Maria Teresa, haveriam de num futuro próximo unir definitivamente os seus corações, entremeando as suas almas, compromissando-se a colocar em marcha maiores e mais concretas responsabilidades.

Eram tais a espontaneidade e a sinceridade das palavras e do olhar do jovem apaixonado, que todos os presentes, mormente os pais da jovem, não conseguiram conter as emoções que as lágrimas acabaram por denunciar, dando silencioso consentimento ao pedido que Gaspar havia acabado de lhes endereçar.

Maria Teresa empalidecera, tocada pelas fortes e agradáveis sensações daquele inolvidável momento, quando também as lágrimas abundantes vieram fazer-lhe companhia, umedecendo suas faces.

Em seguida, Gaspar levantara-se, encaminhando-se em direção a Maria Teresa e tomando, carinhosamente, suas mãos, as beijara ternamente, selando naquele instante, neste planeta Terra, os compromissos que, no além, já haviam assumido.

Os abraços e as palavras de incentivos preencheram os espaços, retratando as alegrias que ali se faziam presentes.

Do lado de lá, Espíritos que acompanhavam, paciente e amorosamente, os passos daquelas famílias, regozijaram-se também, pois anteviam o futuro promissor que a todos aguardava.

Os diálogos fluíam animados quando, Helena os fizera enveredar para o campo do espiritismo.

Assim sendo, após as idas e vindas pelas estradas da agradável conversação, Helena acabara por convidar os presentes para a próxima reunião espírita que haveria de acontecer na casa dos conhecidos confrades, Carlos e Natália, quando o médium Rubens, uma vez mais, estaria presente.

Inspirado por Espíritos amigos que ali se encontravam, Augusto tomara a liberdade de estender o convite para Alcides e Clara que, surpreendidos pela proposta, apesar de militarem em outra fileira religiosa, não tiveram como se esquivar do gentil convite, propondo-se a acompanhá-los no dia aprazado.

Os ponteiros do relógio da sala pareciam girar mais velozes, fazendo as horas passarem e, com elas, esvaírem-se aqueles inesquecíveis momentos, replenos de calor humano, onde a harmonia e a paz adornavam o aconchegante ambiente.

O adiantado da hora fizera com que os, até mais ver, colocassem um ponto final naquela noite de memorável confraternização.

Gaspar e Maria Teresa alongaram-se nas despedidas, procurando curtir-se um pouco mais, deleitando-se com suas amoráveis companhias.

Na noite seguinte ao jantar, quando os casais Augusto e Helena, Alcides e Clara dialogavam na sala de visitas da residência dos anfitriões, sobre a mesinha situada bem ao lado da poltrona onde Clara estava acomodada, descansava um exemplar de *O Livro dos Espíritos* que Helena, costumeiramente, ali deixava para lê-lo nos momentos em que cessavam os seus afazeres domésticos.

Durante a conversação, Helena percebera que Clara havia notado a presença do referido exemplar e aproveitando-se da feliz oportunidade, a anfitriã abordara, sutil e superficialmente, alguns tópicos do livro que julgara interessantes.

Alcides que, atento, acompanhava o colóquio que se desenrolava entre as duas senhoras, sendo inconteste aficionado da boa leitura, sentira-se motivado a folhear algumas das suas páginas, tão logo surgisse a oportunidade.

Levando em consideração o caráter ilibado do casal de anfitriões, Alcides deduzira que o livro somente poderia conter bons ensinamentos e que, por certo, não haveriam de macular os seus princípios religiosos, que Augusto e Helena sempre demonstraram respeitar.

Quando as badaladas do relógio da sala anunciavam as 23 horas, os casais sentiram-se motivados a recolher-se aos seus aposentos, a fim de se deleitarem com o sono confortador.

Antes de surgir o costumeiro boa-noite, Helena, gentilmente, oferecera *O Livro dos Espíritos* para Clara, convidando-a a folheá-lo, mesmo que despretensiosamente, a fim de que viesse desfrutar, um pouco, a intimidade das suas páginas.

Alcides não via a hora de ter o exemplar nas mãos, para que pudesse lê-lo, pois Helena, ao falar sobre alguns dos seus tópicos, conseguira gostosamente aguçar a sua curiosidade.

Clara, tão logo se aconchegara ao leito, adormecera, enquanto que Alcides passara, avidamente, a ler o livro, abeberando-se dos seus conhecimentos, verdadeiramente surpreendido com o bom-senso e a sabedoria que cada pergunta e respectiva resposta, nele contidas, deixavam extravasar. Era como que mãos invisíveis lhe descerrassem as cortinas do mundo espiritual, cujas nuanças, inumeráveis, encerravam verdades que a sua mente, sem esforço, acatava e o seu coração, incondicionalmente, abraçava.

Os conhecimentos que emergiam, em profusão, de cada página, não lhe pareciam desconhecidos, mas sim verdades inquestionáveis, que se escancaravam diante dos seus olhos, mergulhando na intimidade do seu ser como sendo tão somente agradáveis e reais recordações que lhe presenteavam com uma paz nunca dantes experimentada.

Quando os primeiros raios do astro rei beijaram as janelas do dormitório do casal de visitantes, Alcides, fatigado, fechara os olhos, deixando o livro aberto sobre o peito, evidenciando que havia bem usufruído seu conteúdo, pois aproximadamente um terço de páginas faltava para o seu término.

Clara, ao acordar, poucas horas depois, notara a cena e, silenciosamente, dissera para si mesma:

— Alcides, provavelmente, passara a noite lendo e, por certo, o conteúdo da leitura lhe fora extremamente gratificante, a ponto de fazê-lo renunciar ao sono que ele tanto preza.

Por volta das nove horas da manhã, anfitriões e convivas encontravam-se assentados ao redor da mesa, usufruindo o saboroso desjejum quando,

Alcides, denotando visível entusiasmo, passara a discorrer sobre algumas passagens contidas no livro, que lhe causaram fortes impressões, incitando-o a profundas reflexões que, por certo, haveriam de dar novos rumos à sua vida e às dos seus queridos.

A alegria, sem exceção, a todos contagiara.

Helena, endereçando o olhar para Clara, lhe dissera, esboçando carinhoso sorriso:

— Clara. Tudo faz crer que, tão logo folheie algumas páginas desta obra notável e sem precedentes, acabará por render-se ao seu conteúdo, pleno de bom-senso e sabedoria que cada página verdadeiramente encerra, incitando-lhe a inquestionáveis e íntimas reflexões.

Em seguida, o casal de anfitriões comunicara aos hóspedes que haveriam de ausentar-se por toda a manhã, pois teriam de atender a compromissos inadiáveis, cuja presença de ambos era imprescindível.

Assim sendo, Alcides pudera terminar a leitura de *O Livro dos Espíritos* e, ainda vivamente impactado pelos conhecimentos que dele emergiam, passou-o às mãos da esposa procurando incentivá-la a lê-lo, pois ali, por certo, haveria de encontrar respostas para muitas das perguntas, que há tempos a perseguia, exatamente como com ele próprio ocorrera.

Os dias foram passando, sem maiores ocorrências, até que chegara o momento da reunião espírita que seria realizada na residência dos confrades Carlos e Natália, para onde todos se dirigiram.

Após os cumprimentos e abraços de praxe, a sessão tivera início.

Em sequência à prece inicial, proferida por Natália, Carlos passara a leitura de um trecho de *O Evangelho segundo o Espiritismo* que exortava o tesouro imensurável da fraternidade e de amor.

Terminada a leitura, os presentes teceram comentários diversos, pertinentes ao tema, expondo os seus conhecimentos e experiências que acabaram por enriquecer, ainda mais, a reunião.

Findas as oportunas considerações, o silêncio se fizera presente, cedendo espaço para que Espíritos que ali se encontrassem presentes pudessem comunicar-se, trazendo, como sempre, mensagens consoladoras, envolvidas pelas doces teias da esperança e do amor.

Rubens, o médium, inspirado pelo seu guia espiritual, passara a expor emocionante mensagem, abordando as diversas facetas da caridade, incitando os presentes a praticarem-na, pois, assim agindo, haveriam de sentir, na intimidade das suas almas, o verdadeiro sabor da felicidade.

As palavras, compondo as frases cheias de sabedoria e dos mais puros sentimentos, fluíam, voluntariosas, dos lábios do médium, penetrando os ouvidos, acalentando os corações.

Terminada a cativante elocução, Rubens, ainda mediunizado, vira com os olhos da alma, promissora cidade interiorana, onde notara recente e espaçosa construção, não muito distante da pequena igreja matriz, albergando, em suas dependências, homens, mulheres e crianças carentes de saúde e de posses, assistidas por caridosos corações que por lá transitavam, procurando amenizar as suas agruras, dando-lhes novas esperanças para que viessem a desfrutar um melhor porvir.

Os integrantes da família Prado, visivelmente comovidos pelas cenas que o médium acabara de ilustrar, tiveram, nas profundezas dos seus corações, a nítida certeza de que a mensagem referia-se à obra que estavam prestes a iniciar em sua cidade natal e que, por certo, em breve futuro, haveria de fazê-los usufruir as alegrias que, até então, eram por eles desconhecidas.

Naqueles momentos de extrema comoção, as mãos de Gaspar, Carlota, Alcides e Clara se procuraram, entrelaçando-se, da mesma forma que o faziam os seus corações.

No recôndito das suas almas, sensíveis, sentiram como se fora uma silenciosa e inexplicável voz, plena de amor a dizer-lhes:

" – O Pai de Infinita Bondade acaba de fazer-vos vislumbrar, com os olhos da alma, os caminhos pelos quais, no próximo amanhã, os vossos pés haverão de trilhar."

Ao final das vibrações, Natália fizera a prece de encerramento da sessão, colocando um ponto final no amorável encontro, ocasião em que os Céus e a Terra, fraternalmente, dialogaram.

Em sequência, o costumeiro e saboroso chá com biscoitos fora gentilmente servido pela anfitriã, após o qual, um quarto de hora mais tarde, todos partiram, felizes rumo às suas moradias.

Maria Teresa, seus pais, Helena, Augusto e Cristiane, verdadeiramente tocados por tudo o que fora relatado durante o transcorrer dos trabalhos mediúnicos, já conhecedores do projeto que a família Prado estava empenhada em realizar, regozijaram-se, conscientizando-se de que Espíritos ali presentes haviam sido os divinos mensageiros de tão auspicioso empreendimento, que o médium Rubens e os demais participantes da reunião desconheciam por completo.

Em verdade, Espíritos projetaram as cenas que o médium acabara por discorrer, evidenciando aos integrantes da família Prado a grandeza de que se revestia tão nobre propósito, incentivando-os a arregaçar as mangas e dedicarem-se, de corpo e de alma, à obra a que, incondicionalmente, se propuseram realizar.

Para o jovem casal de enamorados, os dias transcorriam céleres, enquanto que a saudade já começava a dar sinais da sua presença, fazendo-os antever o triste momento das despedidas que, impassível, se aproximava, fazendo-os experimentar, uma vez mais, o sabor acre da separação.

Assim, no final da tarde de um chuvoso domingo, a família Prado, saudosa dos bons momentos vividos na cidade maravilhosa, demandara de volta para sua cidade natal.

Com o correr dos dias, Gaspar e Maria Teresa sentiam as saudades avolumarem-se, não conseguindo contê-las, deixando-as extravasar por meio da melancolia que expressavam os seus olhos e das longas horas que passavam em seus respectivos quartos, sonhando com o próximo encontro ou escrevendo cartas, recheadas de doces palavras, que expunham os nobres sentimentos que os enredava.

As missivas semanais passaram a ser diárias, tal a intensidade dos sentimentos que os enlaçava.

Assim sendo, dois meses após a estadia da família Prado no Rio de Janeiro, Gaspar, com a concordância dos seus queridos, enviara outra carta, desta feita endereçada a Maria Teresa e seus pais, convidando-os a virem visitá-los, para que todos pudessem desfrutar, uma vez mais, das suas mútuas companhias.

Tão logo acabara de ler a correspondência que chegara às suas mãos, Maria Teresa, sem conter a emoção que a abraçara, denunciando por meio do semblante, dos olhos e do sorriso a alegria que a viera visitar, correra ao encontro dos pais, comunicando-lhes o inesperado e agradável convite que acabavam de receber.

Compartilhando com a filha da sua vivaz alegria, Walter e Norma sentiram-se propensos a aceitá-lo, pois eles próprios estavam saudosos daquelas criaturas com as quais compartilharam momentos de amistoso convívio e espiritualidade.

Norma, irradiando felicidade, fitando ternamente o esposo, silenciosamente pedira com o olhar que aceitasse o convite, o que ele imediatamente o fizera, dizendo, fazendo-se acompanhar por espontâneo sorriso:

— Sentimo-nos lisonjeados e, ao mesmo tempo, felizes também, não só por você, minha filha, como por nós próprios, pois haveremos de rever pessoas que acabaram por cativar os nossos corações, parecendo-nos conhecê-las há longa data, tais as afinidades que se tornaram inquestionáveis durante todo o tempo em que estivemos juntos.

A senhorinha, não conseguindo controlar as sensações que, resolutas, invadiram a sua intimidade, abraçara e beijara os pais, agradecendo-os pelo presente que acabavam de ofertar-lhe, aceitando o gentil convite, fazendo com que, a partir daquele instante, pudesse sonhar com o momento do reencontro com aquele que havia enlaçado o seu jovem coração.

Um quarto de hora mais tarde, após haver combinado com os pais a data em que haveriam de viajar em demanda a residência dos Prado, Maria Teresa passara a escrever uma carta endereçada a Gaspar e seus familiares, agradecendo-lhes e aceitando o honroso convite.

Tão logo Gaspar recebera a missiva, emocionado, comunicara o seu conteúdo aos pais e à irmã, antegozando o momento em que iria rever a moçoila que o fizera enveredar pelas estradas perfumosas do amor.

capítulo 22

Na extensa e bem cuidada propriedade dos Prado, há aproximadamente duzentos metros do elegante solar da família, iremos encontrar Marta e José, devidamente acomodados em singela construção, composta de quarto, sala, cozinha, banheiro e uma pequena e aconchegante varanda.

Carlota, desde que Marta e José para lá se mudaram, todas as manhãs ia visitá-los, entretecendo, com a sofrida mãezinha, descontraído colóquio, enquanto exteriorizava todo o carinho e afeição que denotava ao pobre menino.

Marta afeiçoara-se tanto a Carlota que a rodeava de mimos, preparando sempre um doce de batata ou um doce de abóbora, um chazinho de erva-cidreira, ou uma limonada, como forma humilde de agradecê-la, delatando o seu reconhecimento por tudo o que, por ela e pelo seu filho, amoravelmente fazia.

Marta recebeu de Gaspar a incumbência de cuidar da plantação e colheita das hortaliças que estava próximo a sua moradia, a fim de dar-lhe produtiva ocupação, evitando assim que viesse a sentir-se constrangida, inútil, até.

O que ali era colhido, Sebastião incumbia-se de vender na cidade e, do valor obtido, parte era revertido para nova plantação e o restante cabia a Marta, para que pudesse atender algumas das suas necessidades.

Quanto à alimentação, não havia com que se preocupar, pois os Prado nada deixavam faltar.

Gaspar, após cumprir com suas responsabilidades profissionais, sempre atencioso, rotineiramente, ao cair da noite, visitava Marta e José mantendo saudável conversação, conquistando também os corações daquelas pobres criaturas, com suas palavras sempre compreensivas, com seu olhar amistoso e com suas atitudes plenas de respeito e generosidade.

Numa certa manhã, Carlota, sentindo ligeiro mal-estar estomacal, não fora, como de costume, até a residência de Marta.

Esta, preocupada com a ausência da jovem, dirigira-se até o solar para receber notícias.

Ali chegando, Clara a recebera com todo o apreço e após ser, educadamente, indagada a respeito de Carlota, informara-lhe que a jovem se encontrava acamada, acometida que fora por incômodo mal-estar, sugerindo-lhe que fosse até o seu quarto visitá-la, afiançando-lhe que seria motivo de muita satisfação para a filha. Assim o fizera.

Após cumprimentarem-se, Marta e Carlota mantiveram prazeroso colóquio, ao final do qual, a jovem dava evidentes sinais de melhora.

Um quarto de hora mais tarde, já tranquilizada, tendo dissipado as preocupações que há pouco toldavam a sua mente, Marta despedira-se, dirigindo-se ao encontro das suas obrigações.

Quando estava prestes a sair do quarto, Carlota prometera visitá-la na manhã seguinte, como o fazia habitualmente.

Desde o dia em que Marta e José vieram morar na propriedade dos Prado, Carlota fora observando, durante suas visitas, que o menino apresentava melhoras no seu comportamento.

Os grunhidos que antes emitia foram, gradativamente, substituídos por outros sons, mais amenos, sendo notório o esforço que fazia, na tentativa de juntar as letras, formando as palavras para, assim, poder expressar-se, denunciando seus desejos, seu desconforto, suas alegrias, suas tristezas...

No dia em que Carlota não o fora visitar, José permanecera tristonho, evidenciando que sentira a sua ausência.

Na manhã seguinte, já recuperada, Carlota embrulhara um bom e apetitoso pedaço de bolo e o levara para presentear o garoto, saudosa que estava da sua companhia.

Ao chegar a residência de Marta, como sempre o fazia, anunciou-se com três leves toques na porta, como se estivesse dizendo:

— Sou eu, Carlota!

Ao ouvir as batidas, o menino arregalara os olhos, enquanto o seu semblante denunciava a gostosa alegria que o abraçava e que Marta não percebera, pois fora atender a porta, feliz, por estar recebendo a visita da moçoila.

Tão logo a porta fora aberta, Carlota notara aquele par de olhinhos negros, vivazes, vindo ao encontro dos seus, expondo a emoção que o menino experimentava ao revê-la.

A senhorinha, após rapidamente cumprimentar Marta, encaminhara-se em direção de José, presenteando-o com o bolo, ao mesmo tempo que o enlaçara com singelo abraço, transbordante de espontâneo carinho e de sincera saudade.

Naquele exato instante, a jovem nitidamente ouvira, provindo dos lábios do menino, o seu nome ser, lenta e com extrema dificuldade, pronunciado:

— Car...lo...ta!

As lágrimas transbordaram, de imediato, pelos olhos da senhorinha, exteriorizando as sensações e as alegrias, imensuráveis, com as quais sua doce alma fora, incontestavelmente, premiada.

Depois de abraçá-lo, visivelmente emocionada, ainda enxugando o pranto que umedecera suas faces, olhando para Marta, Carlota lhe perguntara:

— Ouviu o que José me disse?

Marta, que nada houvera percebido, lhe respondera, delatando certo ar de surpresa:

— Não, nada ouvi!

— Pois bem - dissera Carlota -, meus ouvidos jamais escutaram meu nome ser pronunciado com tanto carinho e sentimento como José acabara de fazê-lo.

E olhando bem fundo nos olhos do menino, tocara sua face com os lábios, presenteando-o com ternuroso beijo, quando José, com inaudito esforço, levantara uma das suas mãos, acarinhando o rosto rosado da moçoila, banhado em lágrimas que pareciam emergir da intimidade da sua alma, tal a insólita emoção que experimentava.

Meia hora depois, Carlota se despedira, levando consigo a doce lembrança daqueles momentos das mais intensas e gratificantes sensações.

Daquele dia em diante, as visitas da jovenzinha à casa de Marta tornaram-se mais longas, pois passara a dispensar mais tempo a José, exercitando não só sua capacidade motora como também sua fala.

Assim, lenta e pacientemente, o garoto fora imprimindo alguns poucos movimentos aos seus membros, bem como, por vezes, conseguindo expressar-se.

Não se pode negar que o fazia com evidente esforço, conquistando vitórias consecutivas sobre si mesmo, libertando-se, pouco a pouco, das amarras do silêncio e da inércia que, desde o nascimento, eram suas fiéis e impassíveis companhias.

Os grunhidos e a quase total imobilidade passaram a ser reminiscências de um passado triste e obscuro, do qual, José, pouco a pouco, fora se desvencilhando.

Durante uma das suas habituais visitas, quando Carlota, segurando uma das mãos do menino, dele se aproximara para ofertar-lhe singelo beijo, este, inspirado pelo alto, externando um timbre de voz que delatava o seu mais sincero e comovido desejo, lhe dissera, suplicante:

– Car...lo...ta! Me perdoe!...

Atônita, desconhecendo os porquês deste inesperado pedido, enredada por viva comoção, abraçara o menino, dizendo-lhe com a voz embargada:

– Nada tenho para lhe perdoar, e sim para lhe agradecer, pela sinceridade dos seus sentimentos e pela oportunidade que você me concedeu de poder conhecê-lo e, fraternalmente, amá-lo.

Marta, desta feita, tudo escutara, deixando que as lágrimas, uma vez mais, lavassem seu rosto, delatando as mais puras sensações que, naqueles momentos, seu coração de mãe desfrutava e que haveriam de ficar guardadas, para sempre, nos escaninhos da sua alma.

Minutos depois, acalmados os ânimos, Carlota despedira-se, encaminhando-se para o solar, a fim de meditar sobre tudo o que ocorrera naquela inolvidável e prazerosa manhã.

Adentrando o lar, rapidamente, dirigira-se aos seus íntimos aposentos e, de joelhos, diante do leito, elevara o seu pensamento ao Pai da Vida, pedindo-Lhe que a inspirasse para que pudesse vir a conhecer os porquês daquele insólito pedido de José.

Segundos após, com os ouvidos d'alma, escutara silenciosa e doce resposta que assim se manifestara:

" – Carlota querida. Naqueles instantes, foram apagadas, definitivamente, as marcas que tisnavam o teu coração e o do menino.

– Finalmente, os aromas perfumosos do teu perdão e do arrependimento de José mesclaram-se no espaço, expulsando, definitivamente, das vossas almas, o odor acre do passado triste e sombrio que ambos vivenciaram em anterior encarnação.

– Que a paz de Jesus, esteja sempre presente em vossos corações!"

Terminado o monólogo espiritual, a jovem Carlota caíra em prantos, deixando-se conduzir por dúlcidos pensamentos, agradecida que estava por haver recebido dos céus presente de tão grande valor.

capítulo 23

Conforme o que houvera sido combinado, por meio das cartas que Gaspar e Maria Teresa entrecruzaram-se, os integrantes da família Assunção, delatando, por seus semblantes, as alegrias sinceras do reencontro, desembarcaram, à tardinha de uma sexta-feira, na estação ferroviária da pequena cidade onde os Prado residiam. Estes, ansiosos, já os aguardavam no local, presenteando-os com efusivos abraços e amistosas saudações.

Na oportunidade, os olhares de Gaspar e Maria Teresa encontraram-se, uma vez mais, denunciando a felicidade que naqueles momentos os enredava, deixando extravasar as fortes emoções que vieram fazer-lhes companhia, afugentando a teimosa saudade que, desde o último encontro, não os havia deixado um único instante.

Duas horas mais tarde, eis que os visitantes já se encontravam devidamente acomodados na confortável residência dos anfitriões, desfrutando as mútuas benesses que só as almas simpáticas, unidas pelas teias do passado, quando juntas vivenciaram as mais diversas e profícuas experiências, hão de aquilatar.

A mesa para o jantar fora preparada com todo o apuro, evidenciando as atenções das quais os componentes da família Assunção eram merecedores.

Por volta das 20 horas, quando irreverente e suave brisa acariciava as faces dos anfitriões e visitantes que se encontravam dialogando na elegante varanda do solar, Josefa, educada e sorridente, anunciara que o jantar dali há instantes seria servido.

Após o saboroso e elogiado repasto, convidados por Alcides, todos se dirigiram para a sala de estar, onde haveriam de dar continuidade a prazerosa conversação que, durante todo o jantar, os entretera.

Ignoravam que na última encarnação, todos, sem exceção, haviam vivenciado momentos aflitivos e dolorosos, durante o abominável período da inquisição, em que o desamor grassava, sem compaixão e sem limites, quando, injustamente, em nome do Sublime Peregrino do Amor, foram cometidas as mais escabrosas e inenarráveis atrocidades.

Caro leitor:

Quando nos encontramos no mundo espiritual, libertos do escafandro carnal, continuamos dando seguimento ao nosso processo evolutivo, mais ou menos rapidamente, por meio da dor ou do amor, que agasalhamos na intimidade do nosso Espírito.

Dependendo da intensidade e da frequência dos esforços que empreendermos no campo da fraternidade, refinando os nossos conceitos morais e cristãos ou reformulando-os, direcionando os nossos passos em direção às veredas do amor universal, haveremos de encontrar a paz do Cristo que todos almejamos alcançar.

No intervalo entre uma e outra experiência encarnatória, somos, amorosa e pacientemente, auxiliados por Espíritos amigos que nos acompanham os passos, inspirando-nos a refletir para que possamos constatar o verdadeiro degrau em que nos encontramos na escada do amor, apaziguando assim, mais cedo ou mais tarde, nossos Espíritos, dependendo evidentemente dos esforços que despendermos neste sentido.

Conscientizados dos erros que cometêramos no passado e que, teimosamente, talvez ainda nos persigam, somos impelidos a conquistar novos e nobres valores, perdoando aqueles corações que nos magoaram, pedindo perdão aos que, por ventura, tenhamos ferido para, em seguida, em próxima encarnação, podermos reparar o mal que houvermos praticado, espargindo o amor nas mais diversas direções.

Gaspar, tomando para si a palavra, dando às suas feições um ar de agradável e contagiante seriedade, passara a expor seus planos futuros, no tocante à construção da propriedade que, amanhã, haveria de acolher, em suas dependências, criaturas carentes daquela região, dando-lhes abrigo, alimento, vestimenta, instrução, atendimento médico e orientação religiosa, amainando as suas agruras, diminuindo as suas dores, devolvendo-lhes as esperanças.

Sentindo-se estimulado a prosseguir, acabara por narrar também os principais detalhes do empreendimento, objetos das suas mais recentes e profundas reflexões.

Walter, que, atento, acompanhava a explanação, homem responsável e trabalhador, já aposentado, que durante toda a vida profissional militara como engenheiro, no campo da construção civil, percebera o pulsar mais acelerado do seu coração, sentindo-se, instintivamente, motivado a colaborar no nobre empreendimento, sem contudo, em princípio, avaliar as dificuldades que haveria de enfrentar para alcançar o seu novo intento.

Entusiasmado com a ideia, sentindo-se bem à vontade, Walter passara a discorrer sobre alguns tópicos que, na sua vasta experiência no ramo, o incitavam a expor, enriquecendo, sem dúvidas, o nobre projeto.

Pelos olhares e pelos sorrisos que de imediato enfeitaram os semblantes dos presentes, ficara patente que os pontos abordados pelo engenheiro foram, unanimemente, acatados.

Assim, todos se conscientizaram de que a presença dos integrantes da família Assunção, por aquelas plagas, viera acompanhada não só pelo objetivo de melhor conhecerem os Prado, entrelaçando mais fortemente os seus corações, como também de um outro mais nobre, o de colaborarem para tornar caridosa realidade, o sonho que os anfitriões acalentavam no âmago das suas almas.

Espíritos que se propuseram auxiliar aquelas criaturas a darem marcha aos seus elevados anseios, naqueles instantes, ali se encontravam presentes, rejubilando-se com o sucesso que o empreendimento, tudo fazia crer, haveria de alcançar.

Quando os ponteiros do relógio da sala, indiferentes à agradável conversação, indicavam o meio da noite, o sono, irresistível, os abraçara de vez, convidando-os para o devido e merecido descanso.

Após os tradicionais boa noite, cada qual se recolhera ao seu aposento.

Eram, exatamente, seis horas da manhã quando Walter despertara, tendo sua mente envolta em planos concernentes à futura construção.

As ideias fluíam com tal rapidez, que se sentira impelido a levantar-se e dirigir-se à escrivaninha para grafá-las sobre o papel, concretizando-as, antes que o esquecimento viesse visitá-lo.

Em verdade, durante o sono, o Espírito Walter, ao desprender-se do seu corpo físico, mantivera palpitante colóquio com os Espíritos que assessoravam aquela gratificante empreitada.

Em vista disto, o engenheiro guardara na memória, em forma de ideias, o resultado da referida conversação espiritual, dando assim os devidos contornos ao projeto que tanto o entusiasmara.

Meia hora mais tarde, as linhas mestras da futura construção estavam delineadas, prontas para apreciação e possíveis sugestões.

Eram oito horas da manhã, quando os integrantes das duas famílias encontravam-se ao redor da mesa, desfrutando o saboroso e variado desjejum, durante o qual, a conversação amistosa se desenrolara, os sorrisos enfeitaram os semblantes, os olhares se mesclaram e os corações se entrelaçaram, em perfeita harmonia, enaltecendo a dúlcida fraternidade.

Tão logo findara a prazerosa refeição matinal, Walter passara a expor as ideias que tivera acerca do projeto e que as transportara para o papel, em forma de esboço, aguardando ansioso o parecer de todos, a respeito.

Alcides, com sorriso nos lábios, rapidamente abrira espaço na mesa para que o engenheiro pudesse mostrar-lhes o seu trabalho. Assim fora feito.

Os pareceres foram sendo expostos e o entusiasmo, por consequência, crescera.

Meia hora após iniciada a apreciação, aquilo que fora um simples esboço se transformara em algo mais elaborado, mais abrangente, para a alegria dos presentes quando Gaspar, vivamente feliz, dissera-lhes, com indiscutível convicção:

— Amigos, irmãos. Que Jesus esteja sempre presente em nossos corações, acompanhando o nosso caminhar, orientando-nos nas decisões.

— Agora, só nos reta dizer: mãos à obra!

No calor das proposições, o patriarca da família Prado, com amistoso olhar, dirigira a palavra a Walter, dizendo-lhe, esperançoso:

— Parece-nos que o Pai da Vida colocou-nos juntos por uma razão muito importante e que ainda, não conseguimos bem visualizar os seus reais contornos.

— Por isto, sinto-me motivado a fazer-lhe um pedido e que, talvez, já tenha pairado nas mentes daqueles que aqui estão presentes, inclusive na sua, meu caro Walter.

— Aproveitando-nos da sua experiência no ramo da construção civil, acredito que todos aqui presentes haverão de sentir-se confortados e tranquilos se o caro amigo chamasse para si a responsabilidade deste empreendimento.

Walter, veramente impactado pelas palavras que os seus ouvidos da carne acabavam de escutar, soaram, no íntimo da sua alma, como irrecusável compromisso, assumido em priscas eras e que a partir de então tornava-se factível, real.

Surpreso, porém feliz, recebera de todos incondicional aval.

Em seguida, endereçando o olhar para a esposa, recebendo dela confiante sorriso, concluíra que havia recebido seu inconteste consentimento.

Assim, independentemente das dificuldades que por certo haveria de enfrentar, acabara por render-se ao pedido, dizendo:

— Sinto-me honrado com o seu bondoso convite, Alcides. Otimista e feliz, aceito este gratificante desafio.

Terminada a gostosa reunião, Gaspar, Alcides e Walter dirigiram-se ao terreno, onde haveria de ser implantada a edificação para que o engenheiro se familiarizasse com o local.

À noite, ao deitarem-se, Walter e Norma passaram a refletir a respeito de como haveriam de administrar suas vidas para que pudessem honrar os compromissos que haviam, incondicionalmente, assumido, dada a grande distância que separava a obra, da cidade do Rio de Janeiro, onde estava sediada a família Assunção.

Antes que chegassem a uma plausível solução, o casal fora arrebatado pelo sono reconfortante.

Tão logo seus Espíritos desvencilharam-se dos seus respectivos veículos físicos, foram recebidos por amigos espirituais que lhes expuseram a conveniência de permanecerem naquela cidade, a maioria do tempo, enquanto perdurasse a referida construção, evidenciando-lhes ser esta uma solução razoável, que haveria de poupar-lhes dos desgastes naturais das inúmeras viagens que, pelo menos Walter, por certo, haveria de empreender para bem servir ao projeto.

Na manhã seguinte, tanto Walter como Norma traziam impressos em suas almas, em forma de ideias, a essência dos aconselhamentos que os Espíritos lhes haviam sugerido.

Durante a refeição matinal, ambos nada comentaram a respeito, pois se sentiam propensos a refletir um pouco mais sobre o importante assunto, ainda temerosos quanto aos passos futuros que haveriam de dar.

Os dias foram passando e, com eles, a família Assunção fora sendo cativada pela região, devido às características simples e espontâneas dos seus habitantes, ao clima agradável, à riqueza e à formosura da vegetação,...

Numa das noites em que os cônjuges dialogavam a respeito da decisão que em breve haveriam de tomar, pois se aproximava o dia em que deveriam retornar ao Rio de Janeiro, Norma, inspirada pelo alto, dissera ao marido:

— Querido. Como pais, estamos convencidos de que a nossa felicidade está dependente da felicidade presente e futura da nossa filha.

— Ao que tudo indica, pela espontaneidade dos sentimentos que literalmente envolvem o casal de enamorados, não é difícil deduzirmos que baila em suas mentes a certeza de consorciarem-se e que, tal ocorrência, é tão somente uma questão de tempo.

— É provável também, pelos compromissos que Gaspar assumira à testa dos negócios da família, que pretenderá permanecer sediado nesta região, enquanto nós haveremos de ficar sós, distantes da nossa filha, desfrutando apenas das lembranças dos tempos idos, abraçados pela saudade que de nós jamais se apartará.

— Se refletirmos mais profundamente sobre estes aspectos, chegaremos à conclusão de que nenhum laço de sentimentos e de compromissos outros nos prendem à cidade do Rio e que as nossas posses nos possibilitam usufruir uma vida tranquila, sem percalços, feliz.

— Em vista disto, sinto-me propensa a sugerirlhe que, durante o período em que se desenrolar a construção, sediemo-nos aqui, na região, tempo este que nos servirá de experiência para as futuras decisões que haveremos de tomar, quanto a nossa vinda definitiva ou não para cá.

Enlaçado pelo pensamento referto de bom-senso que Norma transformara em sábias palavras, Walter rendera-se ao seus argumentos, bastando tão só comunicar a decisão para Maria Teresa que, por certo, haveria de lhe proporcionar inesperada alegria.

Na manhã seguinte, logo comunicaram o que fora decidido para a filha que, com lágrimas nos olhos, sinalizara a felicidade que, naqueles momentos, transbordava do seu jovem coração.

Em seguida, antes de iniciarem o costumeiro desjejum, Walter, envolvendo com os braços a esposa e a filha, comunicara a decisão que haviam tomado para a satisfação de todos os presentes, cujos sorrisos a delataram e os abraços a confirmaram.

Emocionado, Alcides, imediatamente, propora-se hospedar a família Assunção, enquanto ali permanecesse, em uma de suas propriedades, que dali distava alguns poucos quilômetros e que estava desocupada, necessitando apenas alguns retoques que, caso os Assunção aceitassem a proposta, prazerosamente iria providenciar.

Após a concordância do casal, o clima de calorosa alegria a todos contagiara, iniciando-se, naqueles exatos instantes, uma nova vida para as famílias Prado e Assunção.

capítulo 24

Desde a última vez que José emitira algumas poucas palavras aos ouvidos de Carlota, não mais pronunciara uma só sílaba, entrando em gradativa e inquestionável prostração.

Naqueles impactantes momentos, quando o pobrezinho pedira à jovem que o perdoasse, Carlota tivera o pressentimento de que ele estivesse sinalizando que, em breve, desertaria da vida, pondo um ponto final na sua triste e sofrida existência.

Em verdade, José reencarnara para reparar os erros que houvera cometido em encarnação anterior, quando desrespeitara a vida das criaturas que se encontravam à mercê do seu despotismo e crueldade.

Como resultado da sua malsã semeadura, houvera reencarnado com o corpo enfermo, na mais lastimável pobreza, necessitado da bondade e da caridade alheias para, no silêncio profundo da sua alma, valorizar os seres humanos, enaltecendo a vida.

Após ter conseguido o perdão junto a Carlota, José fora desatando os últimos laços que mantinham a sua alma cativa daquele escafandro físico doente, dando cumprimento, à missão a que se propusera, quando ainda se encontrava no mundo dos espíritos, conquistando, aos poucos, a tão esperada alforria.

Marta, que ao longo dos anos fora sua amorável e paciente companhia, triste, pressentia que logo mais haveria de estar só, pois José fatalmente a deixaria, partindo para outras paragens a fim de desfrutar as merecidas benesses por haver cumprido com suas responsabilidades aqui na Terra, suportando com resignação suas dores, suas frustrações, seu triste destino.

Num acinzentado domingo, enquanto a chuva beijava o chão daquelas terras e suas gotas cristalinas escorriam pela vidraça, Marta, com os olhos fixos na paisagem que, através da janela, vislumbrava, já sentia-se solitária, pois, apesar de o menino José ali estar presente, não mais se fazia notar porquanto, até mesmo os seus lamentosos grunhidos, cessara de emitir.

Encontrava-se apático, mantendo os olhos quase todo o tempo fechados, como se, intimamente, visualizasse outros caminhos que seus pés haveriam de trilhar.

Assim, tais quais as gotas que escorriam pela vidraça, lágrimas doridas deslizaram pelas faces daquela amorosa mãezinha, denunciando a profunda tristeza que assolava seu doce coração.

Marta, não querendo deixar de usufruir um só instante a presença daquele ser que tanto amava, somente dele se apartava quando as obrigações, intransferíveis, pediam sua presença.

No final daquela mesma tarde, ao adentrar o quarto, Marta notara que José estava de olhos abertos, acompanhando-a com o olhar, conseguindo, com muito esforço, esboçar um leve sorriso.

Após assentar-se na cama, bem ao lado do menino, Marta o abraçara, carinhosamente, para, em seguida, beijar-lhe a face, com inefável ternura.

José, com o rosto empalidecido e os olhos embaçados, era o retrato do exaurimento, delatando que a vida estava prestes a esvair-se, libertando sua alma daquele arcabouço físico que, até então, lhe servira de guarida.

Lentamente, o menino, reunindo todas as suas escassas energias, num esforço supremo, colocara sua mão sobre o peito, na direção do seu coração, e, em seguida, a conduzira até Marta, segurando em sua mão.

Naquele instante, Marta teve a certeza de que José estava prestes a partir e, como ele nada lhe poderia ofertar, entregou-lhe o seu coraçãozinho, sinceramente agradecido por todo o amor que, incondicionalmente, durante toda a sua existência, Marta o houvera presenteado.

Emocionada, acomodada ao lado do filho, ambos, minutos mais tarde, adormeceram.

Na manhã seguinte, Carlota, como sempre, fora até a residência de Marta, fazendo-se anunciar pelos leves toques na porta, sendo logo convidada para ali adentrar.

Após os cumprimentos habituais, Marta a acompanhara até o quarto onde José se encontrava, de olhos abertos, evidenciando o semblante mais brando, revelando a paz que, naqueles instantes, o enredava.

A jovem, ao se aproximar dele como sempre o fazia, beijou-lhe delicadamente o rosto, notando que apresentava incomum gelidez.

Imediatamente apreensiva, enlaçada por incontestável temor, pressentira que o desenlace de José estava bem próximo, e que, tanto ela como Marta, deveriam revestir-se de coragem para, com cristã resignação, suportar os momentos dolorosos que estavam por vivenciar.

Instantes depois, ao mesmo tempo em que era acarinhado por Marta e Carlota, o moribundo, de forma quase inaudível, denunciando extraordinário esforço, lhes dissera:

— A...d...e...u...s!

Em seguida, fechara os olhos, desertando do mundo, dando por cumprida sua dura missão terrena, deixando nos corações daqueles que verdadeiramente o amaram a dor da saudade que tão só as almas sensíveis são capazes de sentir e avaliar.

Assim, naqueles derradeiros momentos, cumpria-se neste planeta de provas e expiações as promessas que os três haviam feito no além. Marta, ex-Clarice, a de ser-lhe mãe amorosa, auxiliando o pobre menino em sua árdua jornada; Carlota, ex-Juliete, a de conceder-lhe, incondicional perdão; e José, ex-Simon, o dissimulado inquisidor, a de reparar, com heroísmo e resignação, as faltas graves que, impassível, cometera em anterior encarnação.

No final do mesmo dia, fora providenciado o simples funeral de José, enquanto que, para os demais, a vida continuava sua marcha, presenteando a todos com inumeráveis experiências e lições, alegrias e tristezas, lapidando as suas almas, para que, pouco a pouco, viessem a adquirir o brilho incomparável da paz que somente com o cinzel do amor haveriam de conseguir.

Numa tarde que antecedia a partida da família Assunção para o Rio de Janeiro, Walter, Norma e Maria Teresa, acompanhados pelos integrantes da família Prado, dirigiram-se até o local onde se localizava a residência provisória que, se fosse do agrado de todos os Assunção, haveriam de ocupar, até que terminassem as obras da futura casa de caridade que Walter se comprometera a administrar.

Ali chegando, os futuros moradores encantaram-se com a localização, com as linhas arquitetônicas da propriedade e com as suas amplas acomodações, como também com a vista privilegiada que haveriam de desfrutar, visualizando vasto vale, de cores e vegetação diversas, belíssimas, que deslumbrariam os olhos mais exigentes.

Somente alguns poucos reparos, no jardim e na própria construção, deveriam de ser feitos, os quais Alcides se propusera providenciar.

Ao deixarem o aprazível local, os Assunção estavam visivelmente entusiasmados, ansiosos mesmo, para em breve virem a ocupar a bela habitação.

À noite, logo após o jantar, Walter comunicara que, dentro de aproximadamente dois meses, toda a sua família estaria de volta àquela região sulina, ali permanecendo, a princípio, até o final dos compromissos que houvera assumido.

Assim combinados, dois dias depois, os Assunção partiram rumo à sua cidade natal, com os corações já saudosos, mas, ao mesmo tempo, felizes, pois em breve tempo haveriam de retornar, juntando-se, outra vez, àquelas criaturas que os haviam cativado com a gentileza, com a atenção e com o carinho que só as almas enredadas pelo amor seriam capazes de lhes dispensar.

Gaspar e Maria Teresa, com ternos e lacrimosos olhares, doces palavras e carinhosos beijos, despediram-se, aguardando ansiosos que o tempo passasse célere, para que novamente pudessem reencontrar-se e desfrutarem as suas recíprocas e apaixonadas presenças.

Assim, o trem partira, lentamente, em busca do seu destino, levando em seu interior aqueles seres humanos amorosos.

Mãos passaram a acenar, despedindo-se, exteriorizando a saudade que se tornara prisioneira daqueles fraternos corações.

Conforme o que havia sido compromissado, todos os componentes da família Assunção, cerca de dois meses após a partida, estavam de retorno àquela hospitaleira região, felizes por ali estarem, guardando, na intimidade das suas almas, a vibrante expectativa de poderem construir um novo e palpitante porvir.

Dois anos haviam decorrido, quando a obra chegara ao seu final.

No momento da tão esperada inauguração, notava-se a presença, não só dos Prado e dos Assunção, do padre Mário, de Juvenal, de Rogério, de Marta e de Mãe Benta, cujos semblantes desnudavam as emoções que estavam sentindo, como também de muitos moradores das redondezas.

O bondoso pároco fizera o discurso inaugural, destacando os nobres objetivos que a nova instituição se propunha alcançar, visando ajudar, material e espiritualmente, todas as criaturas carentes que para ali se encaminhassem, amenizando as suas dores, as suas agruras, tudo em nome da caridade, do amor e do Cristo Jesus.

Terminada a sua fala e tão logo descerradas as fitas inaugurais, abraços efusivos, sorrisos confiantes, palavras de entusiasmo e incentivo adornaram o ambiente, envolvendo a todos pelos laços, inconfundíveis, da fraternidade.

Findo o ato inaugural, os responsáveis pela instituição dirigiram-se, eufóricos, para a sala de reuniões a fim de ratificar as funções que, dias atrás, haviam sido delineadas.

Assim, Gaspar seria o presidente; Alcides, vice-presidente; Juvenal, o diretor financeiro; Walter, enquanto ali permanecesse, o diretor do patrimônio; Maria Teresa e Carlota se revezariam na instrução dos pequenos e dos adultos, no tocante às letras e na parte religiosa, devidamente assessoradas pelo padre Mário; Clara e Norma se responsabilizariam pela parte de costura e confecção de roupas aos necessitados; Rogério seria o responsável pela assistência médica que, logicamente, haveria de fazer-se necessária; Marta se encarregaria do atendimento às crianças e adultos, ministrando-lhes a medicação, alimentação, vestuário e acomodação; por fim, Mãe Benta iria responsabilizar-se pela cozinha, pois, além das suas habilidades como cozinheira, era também especialista na preparação de chás que, por certo, haveriam de auxiliar os pacientes no tratamento médico que Rogério haveria de ministrar-lhes.

Enfim, todas aquelas doces criaturas, unidas em nome do amor, acabavam de arregaçar as mangas, pondo-se a serviço do próximo, traçando as suas próprias estradas, que, inquestionavelmente, as haverão de conduzir em direção aos ternos braços do Sublime Peregrino da Paz.

Quinze dias depois, os casais Gaspar e Maria Teresa, Rogério e Carlota, diante do altar da paróquia de Santa Madalena, recebiam, por meio do padre Mário, as bênçãos do matrimônio, unindo, por fim, na Terra o que, há tempos, já estava unido nas estrelas.

Os dias, as semanas, os meses foram passando e, pouco a pouco, os integrantes da família Assunção foram se apaixonando por aquelas plagas e pelas responsabilidades que haviam assumido, decidindo-se, por fim, fixar residência na aprazível região.

Assim, convencidos, acharam por bem vender as propriedades que possuíam no Rio de Janeiro e adquirirem a casa onde estavam residindo, já que Alcides e Clara anuíram vendê-la, fazendo-lhes uma proposta verdadeiramente irrecusável.

capítulo 25

Ano e meio mais tarde, no terraço de elegante residência, iremos encontrar Gaspar ao lado de Maria Teresa, tendo em seus braços duas criaturinhas, gêmeas, saudáveis, de peles alvas, delicadas, cabelos escuros, olhinhos penetrantes, vívidos, negros como a noite, bracinhos e pernas irrequietos, compondo um cenário belíssimo, emoldurado pela ternura e pelo incondicional amor.

Em uma outra bonita e espaçosa moradia, iremos encontrar Rogério e Carlota, ternamente debruçados sobre delicado berço, recoberto com leve tecido azulado, acarinhando irrequieto bebê, que denotava indiscutível parecença com os filhos de Gaspar e Maria Teresa, expondo ingênuo sorriso nos lábios, delatando o vigor e a saúde que lhe faziam companhia.

Em verdade, Gaspar e Maria Teresa, outrora Charles e Caroline, traziam em seus regaços Paulo e Rafael, respectivas reencarnações de Fábio, ex-Ives e de Leonardo, ex-Maurice.

Por sua vez, Rogério e Carlota, outrora René e Juliete, acarinhavam Carlos, reencarnação de José, ex-Simon. Tempos depois, do mesmo casal, nasceria Marcos, ex-Victor, outrora Pierre, completando o núcleo familial.

Desta forma, o Pai da Vida presenteava aquelas três criaturinhas com o seu incondicional perdão, facultando-lhes nova e promissora oportunidade reencarnatória.

Assim lhes era ofertado o privilégio de conviverem como filhos daqueles amorosos seres humanos que, no passado longínquo, tanto houveram feito sofrer.

Juntos, haveriam de exercitar-se nas sendas da fraternidade, da caridade e do amor, alcançando, finalmente, a tão aguardada redenção.

Quatro décadas mais tarde, na mesma cidade, todavia mais moderna e populosa, iremos encontrar amplo Centro Espírita, cujas cores alvi-celeste adornavam a acolhedora edificação, situada em vistosa e florida praça, por onde transitavam os inumeráveis cidadãos daquela localidade.

Bem acima do portal de entrada, os dizeres - Centro Espírita Irmã Marta - identificavam a instituição, cujo nome fora dado em reconhecimento aos caridosos serviços que aquela sofrida criatura houvera, incansavelmente, prestado ao longo dos anos à comunidade local.

Adentrando suas simples, espaçosas e bem cuidadas dependências, numa aconchegante sala de reuniões, encontravam-se, assentados ao redor da mesa, em animada e proveitosa conversação, Carlos, Rafael e Paulo desempenhando, respectivamente, as relevantes atribuições de presidente, vice-presidente e diretor do patrimônio da referida casa de caridade. Marcos que, momentaneamente, não se encontrava presente na reunião, pois estava tratando de assunto de interesse da instituição, respondia pela sua parte financeira.

Eles, os três outrora impassíveis e tirânicos inquisidores, recebendo do Pai da Vida, o Seu generoso indulto, em forma de promissora reencarnação, empenhando-se, com fraternal responsabilidade, na direção daquele Centro Espírita, reparavam os erros que cometeram no passado, quando ceifaram a vida de inocentes criaturas, na época, cognominadas de hereges.

Desta forma agindo, perseverando nas sendas do bem, sem se darem conta, pouco a pouco, foram trazendo de volta ao doce regaço de Jesus aquelas almas que, num passado longínquo, do Cristo fizeram-nas distanciar, desiludidas que estavam pelas atrocidades que, em Seu bendito nome, eles, os insensatos representantes do Clero, praticavam sem comiseração.

Assim, Carlos, Rafael e Paulo, amparados por uma plêiade de Espíritos que lhes acompanhavam os passos, assessorando-os nos seus cristãos empreendimentos, foram, gradativamente, adquirindo a coragem dos justos, a paciência dos mansos e a doçura dos amorosos, conseguindo, aos poucos, desfrutar a dúlcida presença de Jesus, perfumando suas almas, acompanhando-as pelas veredas da redentora reparação.

derradeiras *palavras*

No transcorrer deste drama, sentimo-nos incitados a refletir e, como consequência, a bem avaliar as inumeráveis nuanças da vida, tornando-se evidente a presença de mãos divinas a nos conduzir pelas veredas reencarnacionistas, visando ao nosso burilamento espiritual, preparando-nos para um melhor porvir.

Os personagens entrelaçam-se em sentimentos, emoções, alegrias e dores, promovendo o gradual ajustamento das suas almas, entre si compromissadas, compelindo-as a exercitarem-se nas sendas da fraternidade e do perdão, aliando-se, vitoriosas, exaltando a beleza do amor.

Não temos dúvidas de que grande parte dos seres humanos, desconhecendo as nuanças do amor, distraídos, deixam-se levar pelos prazeres do mundo, provocando, com suas atitudes impensadas, descaridosas, egoístas, obstáculos de difícil transposição para si mesmos e para aqueles que lhes presenteiam com a honra das suas companhias.

Semeando sofrimentos nos corações alheios, obrigam-se, perante as leis divinas, a colher, no amanhã das suas existências, o fruto amargo das suas intemperanças, sentindo-se impelidos a reparar, a duras penas, as faltas cometidas, retardando o indescritível encontro com Jesus.

Entretanto, apesar das constantes ingratidões que cometemos para com o Cristo, Ele permanece, amorosamente, ao nosso lado, presenteando-nos com sua doce e sábia companhia, acompanhando-nos os passos, indicando-nos, pacientemente, as veredas floridas e perfumosas do amor que, com certeza, ainda haveremos de trilhar.

Assim, ao final destes modestos escritos, agradecidos pelas incontáveis benesses que Dele incondicionalmente recebemos, sentimo-nos incitados a prestar-lhe nosso mais sincero preito de reconhecimento, de respeito e de amor, que humildemente intitulamos:

Exaltação a Jesus

Há mais de dois mil anos em Belém,
Numa noite de harmonia e luz,
Sem sabermos nos tornamos reféns,
Daquele que seria o Mártir da Cruz.

Os caminhos por Ele percorridos
Evidenciavam profundos rastros de amor
Proporcionando a todos os corações sofridos
A oportunidade de extirpar de si a dor.

Nada deste mundo possuía
Peregrino perseverante da humildade,
Por onde passava levava alegria
Deixando, quando partia, a saudade.

Seus olhos vívidos e brilhantes
Emanavam complacência e ternura,
Deles todos se tornavam amantes
Sentindo a beleza da Sua alma pura.

Seus ouvidos serenos e pacienciosos,
Permaneciam em constante atenção
Quais para-raios divinos, maravilhosos
Captando os segredos do coração.

A palavra sábia e dulçorosa,
Vertia dos Seus lábios como mel
Introduzindo nos corações a presença maviosa
Do Pai do mundo, Senhor do céu.

Seus braços incessantemente generosos,
Energizados para o vero socorrer,
Se transformavam em alicerces poderosos
Sempre que um corpo cansado viesse a desfalecer.

Suas mãos incansavelmente operosas,
Quais anjos protetores dos desvalidos,
Agiam com ternura piedosa
Amenizando as dores dos irmãos sofridos.

Seus gestos plenos de exuberante harmonia
Cativavam os mais insensíveis corações,
Regendo apaziguante e terna sinfonia,
Despertando em todos profundas emoções.

Seus passos calmos, porém cheios de energia,
Emolduravam sua figura com discreta elegância,
Sua presença era como arrebatadora magia
Perfumando a Terra com sua fragrância.

Suas peregrinações pelo mundo afora,
Caracterizadas pela coragem e destemor,
Fizeram surgir na Terra nova aurora
Ao vivenciar Ele a sublime lei do amor.

Por muitos foi esquecido e desprezado,
Porém conhecedor das nossas fraquezas
Fomos todos por Ele perdoados
Testemunhando Sua amorosa realeza.

Mais de dois mil anos transcorreram
E ainda, por vezes, nos encontramos perdidos
Olvidando-nos de que todos que padeceram
Foram por Ele ternamente socorridos.

Nestes momentos de profunda reflexão,
Sinto em mim um novo pulsar,
Parece que agora o meu coração
Definitivamente aprendeu a amar.

Felicidade inenarrável toca meu ser,
Uma presença terna e envolvente me seduz,
Percebo, em mim, definitivamente, florescer
A doce e perfumosa mensagem de Jesus!

Extraído do livro *Rastros de Luz* (Ed. Letras e Textos).

notas do *autor espiritual*

Alcides e Clara, Walter e Norma, eram as respectivas reencarnações dos genitores de Charles e Caroline.

Juvenal não possuía laços mais estreitos com nenhum dos personagens, porém, quando ainda se encontrava no plano espiritual, se comprometera com eles colaborar, para que pudessem alcançar seus nobres objetivos, conseguindo assim reparar parte de um triste passado, quando tivera o privilégio da fortuna e não soubera administrá-la, deixando-se enredar pela avareza doentia, contumaz.

Augusto, Helena e Cristiane, da mesma forma, não possuíam ligações mais profundas com nenhum dos personagens deste drama, porém, inspirados pelo alto, colaboraram para abrir as portas do Espiritismo aos integrantes da família Prado, cabendo a estes o livre-arbítrio de permanecerem ou não nas suas fileiras.

Gisele, por sua vez, reencarnara em outras plagas, junto a outros corações, também necessitados do seu amoroso concurso, dando-lhes o exemplo da coragem a fim de poderem enfrentar os obstáculos da vida, no tentame de lapidar as suas almas.

Ao final da história, Alcides, Clara, Walter, Norma, Augusto, Helena, Marta, Mãe Benta, Padre Mário e Juvenal já haviam desencarnado, felizes por haverem cumprido com suas respectivas missões, enquanto que Gaspar e Rogério, inseparáveis amigos e suas respectivas esposas, Maria Teresa e Carlota, já idosos, acompanhavam os seus queridos filhos, fazendo-lhes doce companhia.

Cristiane, por sua vez, aprimorou-se no campo mediúnico, colaborando, amorosa e incessantemente, nesta gratificante tarefa.

Os Espíritos, Antero e Mariana, após terem se manifestado, de forma audível e incontestável, junto a Gaspar e Carlota, alertando-os quanto aos compromissos assumidos no além, assim, não mais o fizeram, passando, tão somente, a acompanhar-lhes os passos, inspirando-os através das vias silenciosas do pensamento, incentivando-os às leituras, ao estudo e a consequente prática do espiritismo. Assim agindo, com o passar do tempo, os dois irmãos foram se tornando amorosos representantes da Doutrina dos Espíritos, junto a todos aqueles, com os quais, dividiam o convívio.

HISTÓRIA DA EVOLUÇÃO ESPIRITUAL DA HUMANIDADE - **TRILOGIA**

Os Exilados da Capela
Edgard Armond
14 x 21 cm | 176 Pág.

A formação e evolução das
raças no planeta Terra.

Na Cortina do Tempo
Edgard Armond
14 x 21 cm | 96 Pág.

Sobreviventes salvos da Atlântida
preservam seus conhecimentos
destinados à posteridade.

Almas Afins
Edgard Armond
14 x 21 cm | 128 Pág.

A trajetória de Espíritos afins
desde a submersa Lemúria
até os dias atuais.

ROMANCES DA EDITORA ALIANÇA

Cicatrizes na Alma
Roberto de Carvalho
14 x 21 cm | 224 Pág.

Após relacionamento marcado por ambição e egoísmo, duas inimigas do passado enfrentam o desafio de conviverem em família, numa nova encarnação.

Antes... e Depois...
Marcial Jardim
14 x 21 cm | 288 Pág.

Fugimos às leis dos homens, mas não escapamos da aplicação das Leis divinas!

Nas Sombras do Vício
Léa Caruso
14 x 21 cm | 288 Pág.

Um estudante de medicina, no velho continente europeu, se deixa levar pelo prazer enganador das drogas, num mundo cheio de tentações e abismos.

A Morte não é o Ponto Final
Apenas um Ponto-e-vírgula
Paulo Gilberto Pereira da Costa
14 x 21 cm | 176 Pág.

Como desenvolver as faculdades adormecidas do espírito imortal!

O Pequeno Médium
Roberto de Carvalho
14 x 21 cm | 224 Pág.

Um menino médium, com o auxílio do Alto, consegue evitar que uma grande injustiça seja cometida no vilarejo onde vive.

ROMANCES DA EDITORA ALIANÇA

Caminhos que se Cruzam
Léa Caruso
14 x 21 cm | 288 Pág.

Os conflitos de uma jovem, preparada por sua mãe para integrar a corte de um rei.

Uma Questão de Tempo...
Marcial Jardim/Álvaro
14 x 21 cm | 192 Pág.

Relato das experiências vivida por um mesmo grupo de pessoas, em três épocas distintas.

Na Trilha do Passado
Roberto de Carvalho
14 x 21 cm | 256 Pág.

Dramática experiência de um Espírito numa reencarnação de resgate.

As Nódoas da Honra
Dario Sandri Jr./Fénelon
14 x 21 cm | 448 Pág.

Personagens que vivenciaram os dramas da 1ª Guerra Mundial, mostrando que nas guerras não existem vencedores.

Romance Andaluz
Edison Carneiro/Laura
14 x 21 cm | 352 Pág.

Os vínculos de uma família fortalecidos pelos sentimentos de amor e fidelidade.

OBRAS SOBRE **MEDIUNIDADE**

Mediunidade
Edgard Armond
14 x 21 cm | 288 Pág.

Os aspectos, desenvolvimento e utilização da mediunidade.

Passes e Radiações
Edgard Armond
14 x 21 cm | 176 Pág.

Métodos espíritas de cura e tratamento espiritual.

Métodos Espíritas de Cura
Edgard Armond
14 x 21 cm | 128 Pág.

O funcionamento da mente e repercussões espirituais. As cores e a cura.

Relembrando o Passado
Edgard Armond
14 x 21 cm | 160 Pág.

Experiências marcantes de trinta anos de trabalho espiritual.

Desenvolvimento Mediúnico
Edgard Armond
14 x 21 cm | 88 Pág.

Um roteiro perfeito para o bom funcionamento da mediunidade.

Prática Mediúnica
Edgard Armond
14 x 21 cm | 256 Pág.

Levantamentos sobre a realidade da prática mediúnica e melhores direcionamentos.

Campanha de Preservação da Vida
EDITORA ALIANÇA
Tema: ABORTO

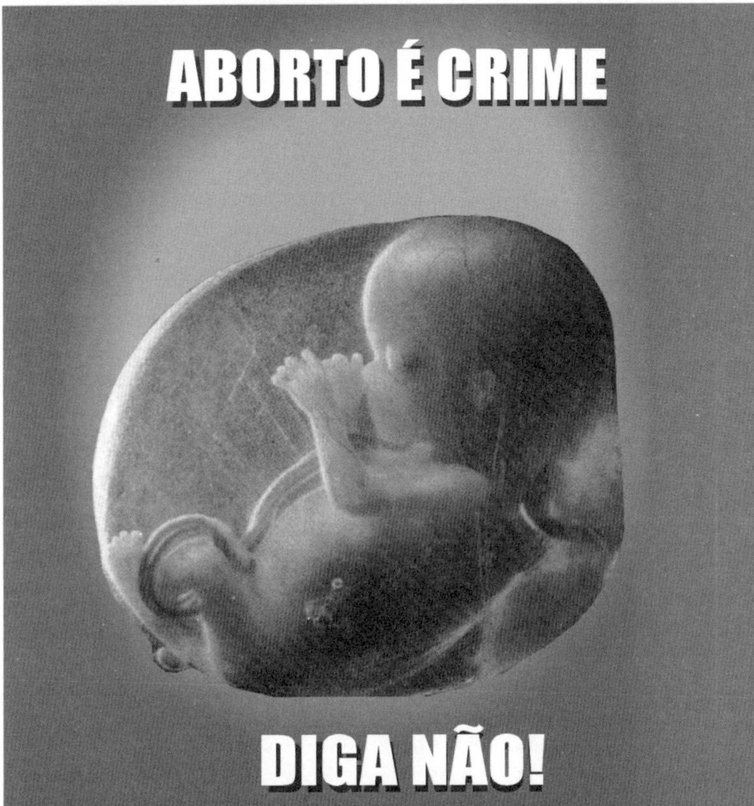

O Livro dos Espíritos, Allan Kardec - questão 358:

Pergunta: *O aborto provocado é um crime, qualquer que seja a sua concepção?*

Resposta dos Espíritos: *Há sempre crime quando se transgride a lei de Deus. A mãe ou qualquer pessoa cometerá sempre um crime ao tirar a vida de uma criança antes do seu nascimento, porque isso é impedir a alma de passar pelas provas de que o corpo devia ser instrumento.*

Campanha de Preservação da Vida
EDITORA ALIANÇA
Tema: PREVENÇÃO AO SUICÍDIO

CURSO DE ESPIRITISMO

INFORME-SE

0800 110 164

HORÁRIO COMERCIAL

Visite nosso site

www.editoraalianca.org.br

Ouça nosso programa *É Hora de Aliança*
Rádio Boa Nova - 1450 AM / Sábado - 17h